世界で16人、日本人初の相貌心理学のスペシャリストが教える

Morphopsychologie
顔の正体その秘密

顔を見るだけで
人の心は99%わかる

佐藤ブゾン貴子
Sato Bouzon Takako

ロング新書

はじめに

「わたしらしくいきたい」

もし、そう思うのでしたら、きっと、この本がお役に立てるはずです。

「わたしらしく生きる」とは、わたしを活かすこと、そしてその活かし方のヒントが、
実は皆さんのお顔にあるのです。

表情筋の動きが織りなしつくられる皆さんのお顔は、まさに「内面の鏡」。

ですので、ご自身の顔を読み解けば、

「わたしが満足するもの」

「わたしが嫌悪を感じるもの」

つまり、「わたしらしさ」を理解することができるのです。

わたしを理解せずに、わたしらしく生きることなんてできません。

この本は、フランス発祥の「顔」の形状から内面を読み解く心理学、相貌心理学という顔を人生の最強ツールにする攻略本です。

このツールを手に入れれば

・自分のことがもっと好きになれる
・「わたしってこんなはずじゃなかったのに…」がなくなる
・コミュニケーションが楽しめる
・恋のチャンスが広がる
・人生が華やぐ
・あなた自身が素敵になれる

こんなにも素敵なことばかり。

そして、このツールを手に入れれば、コミュニケーションにおいても相手のプロフィールや雰囲気、言葉に左右されることなく、相手を理解することもできます。更に、自分や相手を多角的に見られるようになるので、人生の可能性というチャンスはさらに広がります。

もちろん、恋愛にだって活かせます。例えば、外面の好みで相手を選ぶのでなく内面の好みで相手を選ぶことによって、より多くの可能性から最高のお相手を選べるといっても過言ではないのです。

最近はSNSなどの間接的なコミュニケーションが中心になっていて、人と人との直接的な関わりを苦手だと感じている人も多いようです。

しかし、顔から相手がどんな人かを理解できれば、初対面の相手に対しての不安も半減、コミュニケーションに余裕が生まれて「コミュニケーションが楽しい」と思えるかもしれません。

相貌心理学と名前はついていますが、難しい分析方法を机にかじりついて覚える必要はまったくなし！　です。

そして、改めて自分の顔をよく見てください。

「自分のことは自分が一番わかっている！」本当ですか？

実は、近すぎるからこそ、客観的に理解できないのが自分自身なのです。

ですので、相貌心理学というツールを使い自分を客観的に理解すれば、意外な発見があり、その驚きがあなたを更に輝かせるはずです。

「わたしらしく生きる必勝法は顔にある」

フランス発の「相貌心理学」を活用し、是非「わたしらしさ」を手に入れてください。

目次

3章 〈顔のパーツ〉で本当の気持ちがわかる

口——他者とのコミュニケーション方法がわかる　127

4章　〈顔の輪郭〉でコミュニケーションのとり方がわかる

5章　「肉付き」でわかる寛容性　「非対称」でわかる未来志向度

1章

フランス発、九九%の
正当性を誇る相貌心理学

「わたし」を伝えることを大切にするフランス人

フランス人は、コミュニケーションにおいて、「わたし」の考えや思いを相手に伝えることを何よりも大切にします。

それは、視点を変えれば「わたし」という存在をとても大切にしているからこそ。「手話」や「点字」といった口語以外のコミュニケーションツールである言語がフランス発祥の地であることにも納得がいきます。

一方日本はといえば、自分の意思より他者に同調することをよしとする傾向があります。一概に「良くない」と否定はできませんが、しかし他人の意見への同調は、見方を変えれば「わたし」を大切にしていないとも言えるのです。なぜなら、わたしの意見を蔑ろにしているからです。

コミュニケーションにおいて、自分の意思を上手に相手に伝えることのできるフランス人は、自己表現力に長けているとも言えます。そして的確に相手に「意思を伝える」ことができるフランス人はまた、客観的に自分を理解しているとも言えるのです。なぜなら客観的な理解なくして、自分を活かした的確な自己表現はできないからです。

つまり自分を客観的に理解することさえできれば、自分を活かすことができるとも言えるのです。

「でもその自分の理解のし方がわからない」、皆さんはきっとそのように、思うのではないかと思います。もちろん、ごもっともなご意見です。

しかしご心配はいりません、「わたし」の理解に必要なフランス発祥のツール「相貌心理学」があるからです。

そして、用意するのは皆さん自身のお顔だけ。

後は相貌心理学をもとに顔を読み解けば、みなさんのすべてが理解できるのです。

フランスの心理学者が提唱したコミュニケーションに役立つ相貌心理学

「相貌心理学」というのは「顔」の輪郭、目や口などの各器官を客観的なデータで捉えて言語化し、性格やパーソナリティ、行動傾向を理解するための「心理学」です。

この学問は、パリで三六〇年の歴史がある名門サン・ルイ病院の精神科長であり、臨床心理学者でもあったルイ・コルマンが一九三七年に提唱しました。

「世界中を探せば自分と同じ顔が数人いる」などという話を聞いたことがありませんか？

でも、答えは「Ｎｏｎ（ノン）！」

世の中には一つとして同じ顔は存在しません。

つまり、一定のパターンがないため、ドクター・コルマンの顔分析の研究は、とても複雑で困難なものでした。

でも、コルマンは一億人を超える人々の顔を分析し、実証を繰り返して、それぞれの傾向を類型学的に分類した基礎体系を作り上げました。さらに、その後の多くの学者が研鑽《けんさん》努力をしたことで、顔分析メソッドの精度はどんどん高まったのです。今では相貌心理学士による顔分析は、九九％の正当性を誇るとフランス相貌心理学会でも発表しています。

「顔」から性格や行動の傾向を理解するための道具

もともと、相貌心理学は、自閉症の方を理解するために作られた学問でした。自分の考えや気持ちを適切に表現できない相手でも、顔から内面を理解することで適切なアプローチやコミュニケーションのきっかけを作ることができるからです。

相貌心理学は、顔の良し悪しはもちろんのこと、「良い人」「悪い人」を決めるものでもありません。あくまでも性格や行動の傾向を理解することによって自分を活かし、他者とのコミュニケーションを円滑に行うための道具なのです。

こちらの相貌心理学、フランス本土では心理学の一分野として認識されており、様々な分野で応用がされています。

ビジネスの分野では、人材マネージメントなどに応用されています。なぜなら、適性を見極めて、その適性をどのように、そのような状況で活かすことができるかを理解できるからです。

そして、大企業はもちろんのこと、美容専門学校やコーディネートスクール、自然療法の学校などで導入されています。

もちろん、ご家庭内でも、家族との円滑なコミュニケーション形成などにも取り入れられています。

相貌心理学の存在を知った私はまさに青天の霹靂

すぐに「勉強したい！」とフランス相貌心理学会が主宰する学校に申し込みをしま

した。でも、カリキュラムはもちろんフランス語でしたから、私のフランス語のレベルではダメダメダメダメ！　と門前払いされました。

それでも諦めるわけにはいきません。私のフランス語のレベルでも受け入れてもらうために、あらゆる方法を考えました。そこでたどり着いた最終手段が直談判！　実は相貌心理学会の会長が近所に住んでいるとわかったからです。

私は「学会長に連絡してほしい」と夫に頼んで、「会いに行きたいと言っている」と電話で伝えてもらいました。最後には学会長が根負けして、弟子入りするような形で受け入れてもらったのです。

そしてまず、学会長のプライベートレッスンを受け、三年かけて顔を分析する相貌心理学士となりました。それから、相貌心理学を教えられる教授の資格を取り、さらに一年かけて分析研究をしました。トータルで五年間、フランスで相貌心理学を学んだことになります。

そこから一〇数年、「顔」と向き合っています。

現時点で相貌心理学士は世界に約一二〇〇人ほどいます。その中で教授資格を有している者は十六人ほどいますが、日本人は私一人だけです。いろいろな人にこの相貌心理学をコミュニケーションツールとして使ってほしいと思い、普及に努めています。

最高のコミュニケーションツールになる「相貌心理学」

相貌心理学を自分の武器にするとあなたの可能性が広がります。

1 写真だけで、自己マネージメントができる

環境が変われば、感受性への刺激が変わり、もちろん顔も変わります。ですので、顔の変化を理解することによって「今の自分」を理解することができるのです。例えば、大切な決断が今なのか、それとも今ではないのか、それらも顔から理解することができます。大切な「今」を見逃さない為にも顔の変化はあなたにとっ

てのベストなタイミングを教えてくれるのです。

また、相貌心理学の逆算応用、顔の形状理解を使ってなりたい自分を作り上げることも可能なのです。例えば、「意志の強い人になりたい」そう思うなら、メガネの形状やメークで、目元の印象操作でその内面を表す形状を顔に作り上げればよいのです。

そうすることで、あなた自身の他者に与える印象を変え、まわりからあなたに与えられる刺激を変えることによって、内外ともにからの刺激で自己マネージメントができるのです。

「自分への自信」、それは言ってみれば、気持ちの余裕という強力なアドバンテージ。いつものあなたらしさで、思い通りの楽しいコミュニケーションをとることができるはずです。

2　理想の顔と、性格のずれを修正できる

相手が好きなタイプの顔であっても、実際、話してみたら、性格があなた好みでは

ない場合がありますよね。「素敵！」と胸をときめかせて、ようやくデートにこぎつけても話が噛み合わないとか、付き合い始めたのに、私にあまり興味を示してくれない……など悲しい思いをしたことがある方も少なくないでしょう。

でも、顔を見て相手の性格や行動傾向を理解していれば、「こんなはずじゃなかった！」ということがなくなります。

ルックスを重視してあなた好みの「イケメン」の人を選ぶなら——顔を見て性格傾向を理解したうえで、相手を受け入れれば相手の行動にも納得できるようになります。反対に、性格の傾向を重視するのなら——その性格傾向が表れている顔の人を選べばいいのです。

3 理解が自分や相手へのあゆみよりになる

コミュニケーションにおいて相手に対し「なんでそんなことを言うの？」「どうして、○○をしてくれないの」などとイライラを募らせたり、悲しくなったり…。

同様に自分に対しても「何でこんなこと言っちゃったんだろう」っていう状況、皆さんも一度や二度はあるのではないでしょうか。

でも「こう考えるタイプだから」とわかっていれば、相手や自分の考えや感情に歩み寄ることができ、だったら他の考え方や言い方を考えようといった思考の転換もできます。

それに、自分が悪いからコミュニケションーンが上手くできないなどと、無駄に傷つくこともなくなります。

他にも、同僚や気になる相手に対し、一生懸命好かれるよう努力をしているのに、全く伝わらない、それどころか、むしろ距離を置かれてしまったというような経験はありませんか？

そんな時でも、相手の考え方や行動の傾向が事前にわかっていたら、その人が心地よいと感じるコミュニケーションを作り上げることもできるのです。

このように相貌心理学というツールを手に入れると、コミュニケーションの幅が広がり、選択肢もふえるのです。

「判断するためでなく理解するために使ってほしい」

本書を読むと、顔を見るだけで「こういう性格傾向だ！」ということが、だいたいわかるようになります。それは、コミュニケーションにおいては、大きなアドバンテージとなります。

でも、それを断定的な判断ツールとしてだけ使ってしまうと、大きなマイナスを生むことがあります。

たとえば、相手の顔から「自己中心的」という傾向がわかったとします。自己中心的というと、ほとんどの人が悪いイメージを持つかもしれませんね。

でも、逆の発想をしてみてください。何か大きな目標を達成するためには、ある程度、他人のことは考えず、ぐいぐい進める局面も必要ですよね？

こういった場合、自己中心的な傾向というのは、目的を達成するための「強い意志」となります。

つまり、ここで「自己中心的」という側面だけ切り取って「判断」してしまうと、その裏側にある良い面を知ることなく、ばっさり切り捨ててしまうことになります。

でも、「マイナス面と考えればそうかもしれないけれど、裏を返せばプラス面になる」というように「理解」しようとすれば、相手や自分を許せたり、寄り添ったりできるようになります。

「あの人はジコチューな傾向があるから、私はNG！」

こう決めつけてしまうのは「判断」です。

「あの人はジコチューな傾向があるけれど、裏を返せば、目的達成をするための強い意志があるかもしれない」

このように思うことは「理解」になります。「理解」に軸足を置いたほうが、結果的には出会いの幅は広くなるし、自分にとっても自分の可能性の幅が広がるのです。

なお、「顔を見る」というと、「相貌心理学は占いとは違うんですか？」と必ず聞かれます。

相貌心理学はあくまで心理学なので、占いの要素は入っていません。未来を予知することもできませんし、幸福顔、不幸顔というものを示すこともできません。

▼「顔」を見るときのコツ

顔を見るときには、「一瞬の印象で」判断しましょう。考えすぎてしまうと、わからなくなってしまいます。

大事なことは、顔の「どこが印象的か」ということです。

たとえば、目じりを例にすると、上がり目なのか下がり目なのか判断がつかないことがあります。この場合は、あまり印象に残らない＝強い傾向が出ていないということなので、目じりにこだわらずに、他の印象が残る器官（パーツ）に注目しましょう。

どうしても目じりから性格傾向を分析したい場合は、「どちらかといえば、こっちかな」くらいでＯＫです。少しアバウトに感じるかもしれませんが、最初は大まかにとらえるという感覚が大切です。

本書を読むにあたってまずは「顔」の全体像をつかんでおきましょう

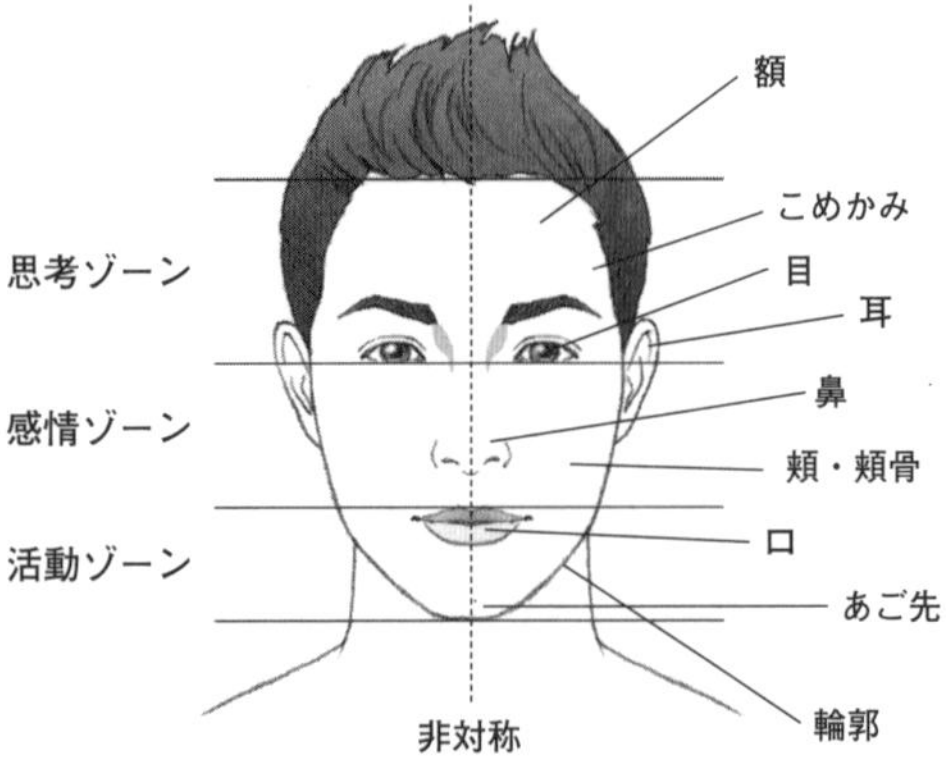

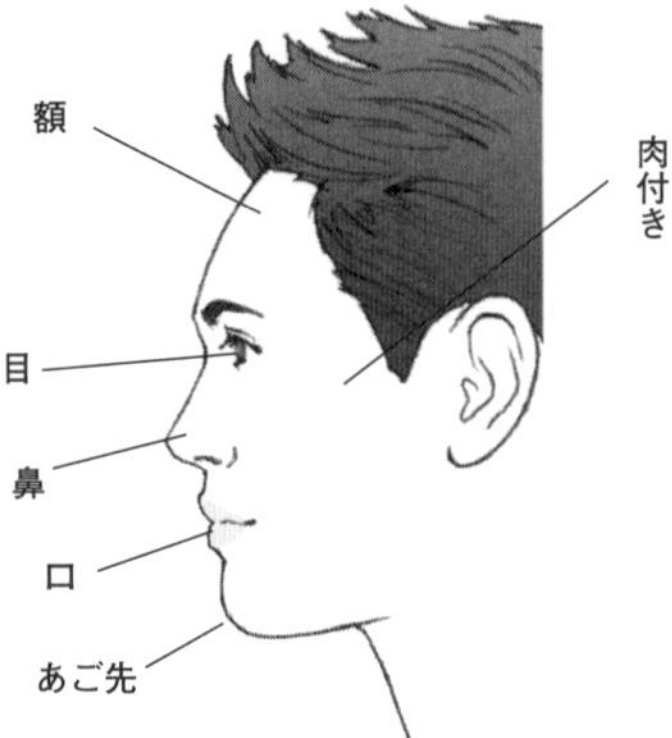

2章

〈顔のゾーン〉で行動パターンや考え方、好みの傾向がわかる

ゾーンでわかる、満足感への原動力

お待たせしました。

ここからいよいよ分析に入っていきましょう。

まず、何によって満足感を得られるかという、その人の「原動力」となるものを理解していきます。

つまり、それを理解すれば、行動や考え方、好みのパターンがわかるのです。

たとえば、愛の言葉よりも、まずはプレゼントをするのが効果的とか、ロマンチックな言葉は直接会って伝える、それともSNSなどを使って間接的に伝えた方がこちらを振り向いてくれるか――など、より有効なアプローチ方法がわかるようになります。

そのためには「ゾーン」をみるのです。

ゾーンとは、顔を上部・中部・下部の三つに分けた範囲を指していて、上からそれぞれ、上部をⒶ思考ゾーン、中部をⒷ感情ゾーン、下部をⒸ活動ゾーンと呼びます。

顔をぱっとみたとき、この三つの中で一番面積が大きく、印象に残るゾーンがその人のタイプとなります。

次のイラストのように、三カ所に線が入ると考えて顔を区切ってみてください。

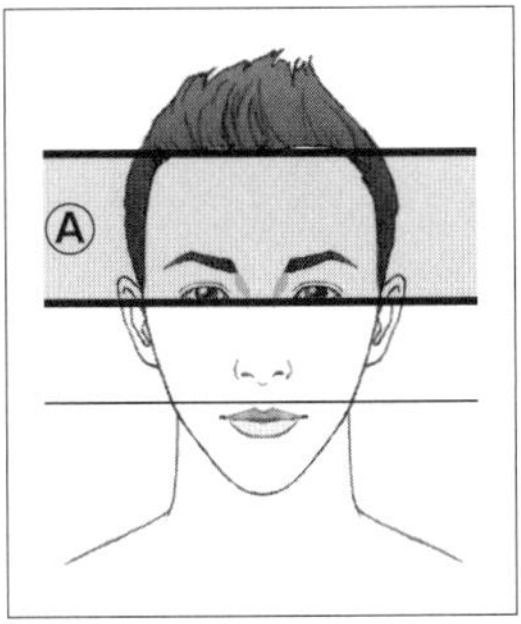

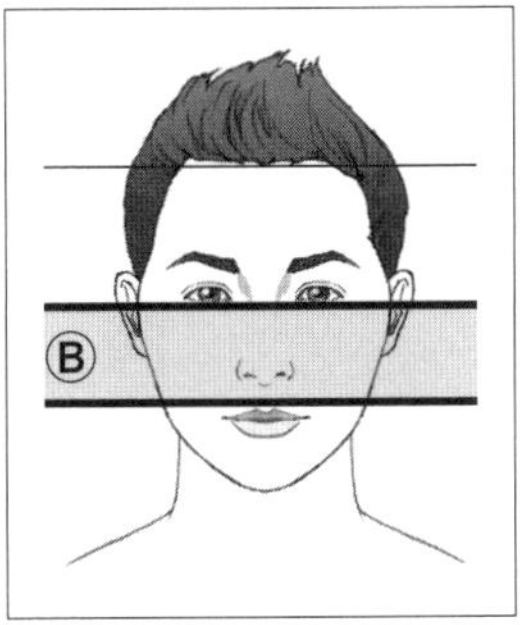

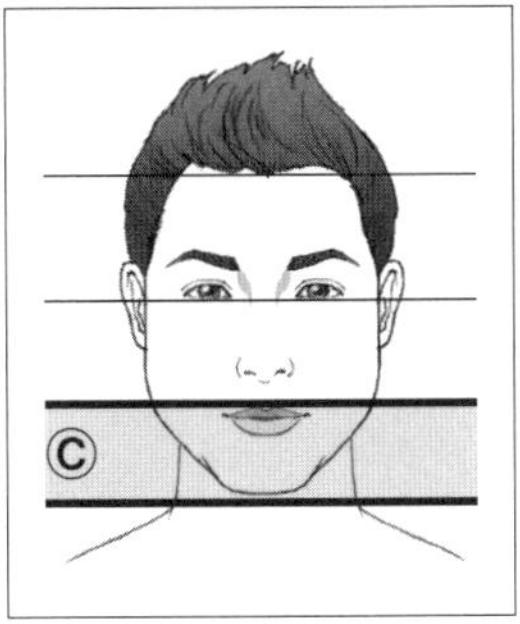

顔を上部・中部・下部という三つに分けたときに、どこが一番大きく印象に残りま

したか？

Ⓐ思考ゾーンタイプ　額や目にインパクト・あごが細い・逆三角形の顔型、額が広い、頬骨すっきり……

Ⓑ感情ゾーンタイプ　頬骨が大きい・頬が広い・顔型は六角形……

Ⓒ活動ゾーンタイプ　あごや口まわりが大きい・台形の顔型……

たとえば、広いおでこが印象に残る玉木宏さんや中田英寿さんのようなタイプはⒶ【思考ゾーンタイプ】ということになります。

顔型で言えば、逆三角形タイプです。おでこが広く、頬骨がすっきりとしていて、あごは細めの人です。

次に、頬骨や頬まわりがふっくらしているなど、顔の真ん中部分が印象に残る羽生結弦さんや大谷翔平さん、杏さんのような顔型はⒷ【感情ゾーンタイプ】になります。顔の形状としては六角形や丸顔の人が多いです。

そして、あごの部分が印象に残り、顔型でいえば台形の出川哲朗さんやラグビーの稲垣啓太さん、南海キャンディーズのしずちゃんのような人はⒸ【活動ゾーンタイプ】の人です。

ちなみに、日本人に多いのは感情ゾーンタイプの人。「一〇〇回転んだら一〇一回起き上がればいい」というように、涙を誘い、感情を揺さぶるような表現が好きなのも、このせいかもしれません。

一方、フランス人に多いのは思考ゾーンタイプ。何事も論理的に考え感情の動きに左右されない思考ゾーンの人は一〇〇回も転ばないんですね。一〇〇回も転ぶことに意味がないからです。だって痛いですし、時間のムダですもん。

一回転んだら、次は転ばない手段を考える、その冷静さが思考ゾーンタイプにはあるのです。

たとえパッと見の顔の相性が悪かったとしても、お互いの考えの傾向を理解していれば、自分の持っていない部分を補い合うということで、最強のパートナーになれます。

では、いよいよ次からそれぞれの特徴をご説明しましょう。

Ⓐ[思考ゾーン]タイプ――知識と美的センスがある

おでこが広い、目にインパクトがある、あごが細いという特徴が当てはまる人がこのタイプ。頬もあまり張っていなくて、顔型は逆三角形という印象があります。

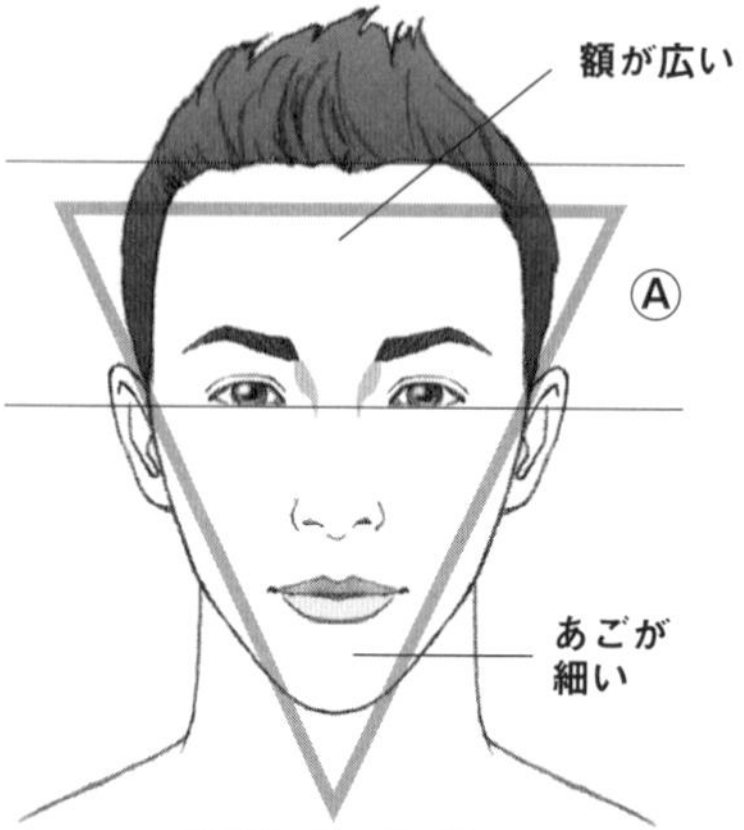

形状：逆三角形

このタイプの人が何か行動しようとするときに、原動力となるキーワードは「知識」や「教養」。

このゾーンには額や目があるということで、「考えること」や「目に飛び込んでくるもの」へのこだわりがあります。

感情の動きや本能欲求にはあまり左右されず、現実的なお金や物にはあまり興味がありません。

思考ゾーンタイプの特徴

・知識や教養を好む
・想像力が豊か
・理想主義者
・物事をすべて言葉で理解し、伝えようとする
・まわりに流されず、自分の価値観や考え方を大切にする
・目から飛び込んでくる情報に敏感
・美しいもの、センスの良いものが好き
・ファッション、持ち物に自分なりのこだわりがある
・理想を相手に押し付けがち
・感情の共感は求めないので孤独に強い

思考ゾーンタイプが友人・パートナーを選ぶ時の決め手

◆自分の好奇心や知識欲・視覚を刺激してくれる人かどうか
◆自分独自の世界観や価値観を持っているか

思考ゾーンタイプが他者に求めるもの

◆感情のわかち合いよりも、知識や情報のキャッチボール
◆脈略のない感情的な話ではなく、論理的に展開される話題

思考ゾーンタイプに効果的！　アプローチ術

◎会話に困ったら、「もしも」の話をする

初めて話をする場合や、相手の好きなものなどをよく知らないとき。漠然と「何が好きなんですか？」と聞くよりは、「今、一週間休みがとれたとしたらどこに行きたい？」とか「もし、世界一周できたらルートはどうする？」のように、「もし、○○だとしたら～」と架空の話で盛り上がれるような話題がおすすめです。

相手はいろいろ想像を繰り広げて答えてくれるはずですので、好みのものなども探ることができます。

その際、あちこちに話題を振るのではなく、なるべく順序立てて話をしましょう。

論理的な会話を求める思考ゾーンタイプなので、脈絡のない話よりも、展開があった

ほうが興味を持ってくれます。

◎食事に誘う場合は視覚を刺激

食事に誘う場合も新しくオープンしたところや、話題になっているレストランにターゲットをしぼるのがポイント。味はよくても外観が庶民的なお店というより、おしゃれな内装や、目を引くような店構えのところがおすすめです。また、あまり有名ではないけれど、知る人ぞ知る隠れ家的なこだわりのお店もありです。料理の盛り付けや無農薬食材、マクロビなど、ほかにはないこだわりのあるところにも興味を持ってくれることでしょう。

このようにおしゃれなものや流行っているもの、こだわりがあるものを好むのは、自分の知識の豊富さや美意識の高さを披露して「すごい」という反応が欲しいからです。

例えば、それをSNSなどにアップして反応があれば、独自の世界観や価値観を持っていることに対するプライドをくすぐられ、同時に、自身が思い描く「理想的なかっこいい自分」を満足させることもできるからなのです。

◎誘う場所は知識や教養への刺激を重視

思考ゾーンタイプは視覚的な刺激や、好奇心をくすぐる知識や情報が好き。だから行き先は、話題になっている場所やニュースになるなど、盛り上がっているスポットがおすすめです。特に景色が良かったり、イルミネーションが綺麗だったりなど、見て心を震わせられる場所にしましょう。

またこのタイプは教養を養うこと、美しいものを観ることなども好きなので、美術館やギャラリー、期間限定の特別展、建築物などもおすすめ。一緒に新たな情報を共有したり、お互いに高め合うような会話をしたりすることを好みます。また知識豊富な思考ゾーンタイプですから、「この作品はね」「この作家はね」などといろいろ教えてくれるはず。

◎思考ゾーンタイプはおしゃれ度数高め

このタイプは、見た目にとってもこだわる美的感覚が高いタイプと言えます。なぜなら、視覚から入る情報に敏感だからです。

ですので、ファッションも自分独自の価値観によるこだわりスタイル。

理想主義でもあるこのタイプは、恋愛でも自分なりのこだわりを相手に求めます。と同時に、相手に自分の理想を押し付けやすい傾向もあります。

◎電話よりラインやメールで

思考ゾーンタイプは、言葉にとても敏感です。

例えば、遊びのお誘いにお礼の電話をしたり、直接伝えたりするよりも、ラインやメールがおすすめ。

言葉や目で見える文字のメッセージからあれこれ想像を繰り広げてくれます。

もし相手があなたに興味を持っていたら、会っていない時間もあなたについてあれこれと想像してくれるはず。

思考ゾーンタイプにやってはいけないこと

❶相手の描く夢や理想を否定するのはＮＧです。軽い気持ちで「それは無理じゃない？」と言ったとしても、想像力が豊かな分だけ深く傷つき、自分の可能性さえも否定されたと感じてしまいます。

❷「そんなことも知らないの？」「そんなの常識だよね」と、相手の知識や教養を否定するのはＮＧです。プライドを傷つけられたと感じ、気分を害します。得意げに相手を上回る知識を披露するのはもってのほかです。

❸知らないことを知ったかぶりしたり、適当に答えたりするのはNGです。質問に対しあいまいな回答をすると、「この人はいい加減」「自分を邪険に扱っている」と感じてしまいます。答えと理由は明確に。知らないなら知らないと素直に伝える方が、好印象です。

❹「お給料はどれくらい？」「その車、いくら？」と、ストレートにお金の話をするのはNGです。理想主義で無形の価値を大切にするタイプなので、お金のような現実的価値の話をされると「大切にするものが違うんだな」と興ざめされます。

❺最初からベタベタ甘えたり、過剰なスキンシップを取ったりするのはNGです。視覚や想像力で楽しむこともコミュニケーションと考えるタイプなので、スキンシップはある程度仲良くなってからにしましょう。

思考ゾーンタイプの有名人

・中田英寿（元プロサッカー選手）・麻生太郎（政治家）・菅義偉（政治家）
・蓮舫（元政治家）・玉木宏（俳優）・生田斗真（俳優）
・安室奈美恵（元歌手）・宮沢りえ（女優）・織田信長（歴史上の人物）
・ビル・ゲイツ（実業家）・藤井聡太（プロ棋士）・羽生善治（プロ棋士）
・堺雅人（俳優）・沢村一樹（俳優）・大泉洋（俳優）・小泉孝太郎（俳優）

Ⓑ［感情ゾーン］タイプ——フィーリングと感受性を大切にする

頬骨が大きく、頬が広い、つまり、顔の中央部分にインパクトがある六角形の形状をしているのがこのタイプです。

このゾーンには耳と鼻があるので「聴覚」や「嗅覚」への刺激、つまり、音楽や人の言葉、香りなどに左右されることが多いです。

「感情ゾーンタイプ」が満足するのは、人とのコミュニケーション。特に、「自分と同じ！」という「共感」がキーワードになります。

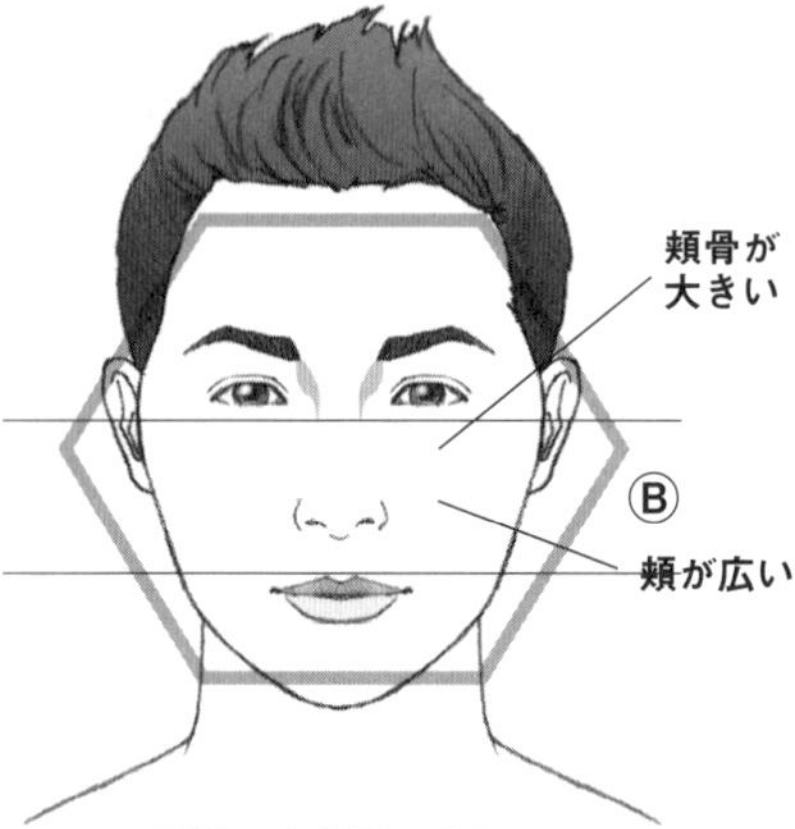

形状：六角形や丸顔

最初はグループでワイワイ行動すると、

親しくなりやすいです。

感情で物事を判断するので、客観性に欠け、会話がそれてしまうこともあります。それでも、このタイプのお相手と話す時は、流れに身を任せた方が○。

間違っても、理論で説き伏せようとしたり、感情的な言葉に対してこちらも感情的になって否定したりしてしまうと、火に油を注いでしまいます。

感情ゾーンタイプの特徴

・周囲の人との共感を好む
・人が喜んでいると自分も嬉しくなる、博愛主義者
・好き嫌いといった感情で物事を決める
・認めてもらいたい気持ちが強く、否定されることが何より苦痛
・相手との共通点を見つけるなど「一緒」が好き

・人からどう見られるかが気になる
・音楽や香りなど、耳や鼻から入ってくる情報や刺激に敏感
・感情をおしつけやすく、距離感がとりにくい
・おせっかい、よく言えば面倒見がいい
・孤独に弱く、寂しがり屋

感情ゾーンタイプが友人・パートナーを選ぶ時の決め手

◆一緒に物事を楽しめるかどうか
◆趣味嗜好、自分と同じものがどれだけ好きか

感情ゾーンタイプが他者に求めるもの

◆自分を受け入れてくれる寛容さ

◆たくさんのほめ言葉

感情ゾーンタイプに効果的！　アプローチ術

◎共通点を見つける

感情を動かすことが行動の原動力となる「感情ゾーン」タイプのキーワードは「一緒！」です。コミュニケーションを大切にする人なので、感情をわかち合える相手にはとても興味を持ちます。

人って、同じ思い出を共有していたり、行動範囲が似ていたりするだけでもアレコレ盛り上がれるものですよね。地元が同じだったり、学校が近かったりすると急激に親しくなったような気がするものです。

◎思ったことは言葉で伝える

このタイプの人は「言わなくてもわかるよね」とか「雰囲気で気づいてよ」と言っても、「なんのこっちゃ?」たとえわかっていたって、気持ちはきちんと言葉にして伝えてほしいので、プイっとふくれるのがオチ。

普段から「楽しい」「嬉しい」はもちろん、「緊張する」など、感じたことは口に出すようにしましょう。このタイプの人との仲を深めたいならば、「今日、会えて嬉しかった」とか「また会いたい」などはっきりと言葉で気持ちを伝えてください。

◎褒めて、もちあげる

感情ゾーンタイプの人は人から認められたいという承認欲求が強いです。

それは孤独に弱いから。ですから共感してもらえると「一人じゃない!」という安心感を持ち、さらに共感してくれた人は自分の味方だと思えるのです。

また、褒められるということは、人から好意を持って見られているという証拠ですよね。そうされることで自分の存在価値に満足感や安心感を覚えます。

「今日みたいな服、似合ってるね！」など、相手の印象についてテンションがあがるようなことを言ったり、理解しているということを伝えたりするのもいいでしょう。相手が気づいてほしいポイントを褒めると、「この人、自分のことをわかってくれる」と心動かされるはずです。

このタイプはとても寂しがり屋さんなので、連絡が来たらできるだけ早く返信する、マメに連絡を取るのが効果的です。

◎相手の感情の動きに合わせる

自分の感情を相手におしつけがちなので、距離感がとりにくいのも感情ゾーンタイプの人の特徴といえます。

また、何かを判断するときも、その瞬間の「好きか嫌いか」で決める傾向にあります。

言葉にして伝えることは大切ですが、まずは相手の気分や気持ちをきちんと理解し、ひと呼吸置いてから相手の感情の動きに合わせて発言するようにするのがポイントです。

例えば、喜んでいるなら、こちらも明るいテンションでポジティブな言葉をかけ、悲しんでいるなら落ちついた声で否定せず優しい言葉をかけるなど、相手の感情の声のトーンや言葉の使い方に合わせるようにしましょう。

◎人のうわさ話にも敏感

耳からの情報を重んじるタイプということで、人からのうわさ話にも敏感な傾向にあります。

例えば「あの人、○○のこと好きらしいよ」と聞いただけで、なんとなく相手のことを意識して、気になるようになった経験はありませんか？ 感情ゾーンの人は特にそういう状況に陥りがちです。

相手をその気にさせるためには、周囲の人に協力をお願いして、「二人は気が合いそうだね」「お似合いだね」などさりげなくサポートしてもらうのも一案です。

また、人からどう見られるかを気にするタイプなので、「あの人って素敵だよね」「あいう人と付き合う人っていいよね」など、あなたの評判についても、ちょっと耳打ちしてもらえば、ぐっと成功率は上がります。

◎香りに訴えるようなしかけを

「感じる」ということをとても大切にするのが感情ゾーンタイプの人。

それは理屈では説明できない気持ちの動きを大切にするからです。

例えば、人間は聴覚や嗅覚で心地よさや不快感を判断することが多くあります。ということは、「香り」も相手の感覚を刺激するので、恋愛という場面ではあなたの香りを印象づけておけば、どこか別の場所で同じような香りを感じたときに、あなたを思い出してくれるでしょう。

ただし、ケミカルなものや刺激の強い香りを嫌う男性も多いので、あくまでも「さりげない香り」を心がけましょう。

感情ゾーンタイプにやってはいけないこと

❶「あなたがダメだったから失敗した」と、相手の存在価値を否定するような言葉はNGです。承認欲求が強く、否定されることが何より苦痛なので、こちらは気を使ったつもりの言葉「あなたがいなくても大丈夫」でも、傷つきます。

❷相手の言葉や行為に対し「ありがとう」の言葉がないのはNGです。自分が感謝されること、相手が喜ぶことに強い満足感をおぼえる反面、自分の好意を無にされたと感じると、一転して不信感を持ってしまいます。

❸放置するのはNGです。孤独に弱く寂しがり屋なので、離れていても一緒にいるという安心感が大切。たとえ仕事が忙しくても、こまめなコミュニケーションは欠かさないようにしましょう。

❹連絡を全てラインやメールだけですますのもNGです。大切に思う相手ならば、少し面倒でもなるべくオンラインや電話で話しましょう。耳から入る情報に敏感なので、文字よりも言葉のほうが感情が動くのです。

❺相手の感情的な言葉に、こちらも反射的に感情的に返すのはNGです。相手のエモーションが悪い方に高まり、収拾がつかなくなります。吐き出すだけ吐き出すと、ケロっとすることも多いので「うんうん」と共感しながら、聞き役に徹しましょう。

感情ゾーンタイプの有名人

・田中圭（俳優）　・新田真剣佑（俳優）　・永瀬正敏（俳優）
・坂上忍（俳優）　・松たか子（女優）　・木村佳乃（女優）
・羽生結弦（プロスケーター）　・大谷翔平（メジャーリーガー）
・貴乃花（元力士）　・北野武（芸人・監督）　・榮倉奈々（女優）
・賀来賢人（俳優）　・横浜流星（俳優）

Ⓒ【活動ゾーン】タイプ――現実に価値を見出し、実行力がある

口周りが大きく、あごがどっしりした、台形のような顔型をしているのが活動ゾーンタイプの人です。

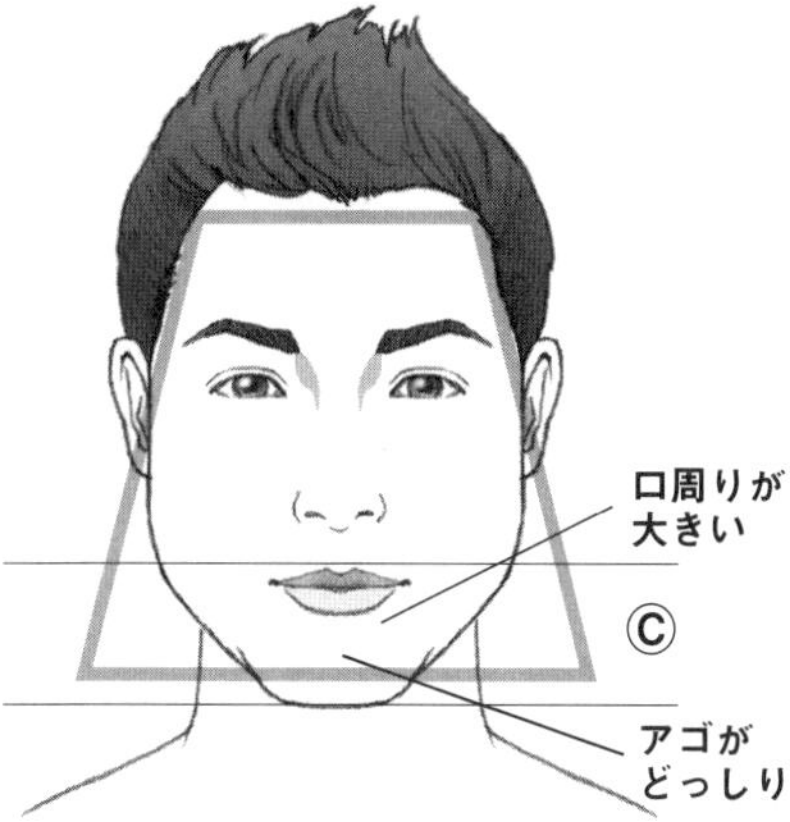

形状：台形

顔の下の方に印象があり、このゾーンには口があるので、食事など「口に関係すること」がキーワードになります。また、活動ゾーンという名前の通り「実行力」をも表します。

理想を追い求めたり妄想したりするのではなく、目の前の現実を見つめます。行動の原動力となるのは、とにかく自分への利益。

物事の利便性や活用法を見極める才能にたけています。

目の前に存在しないものには興味を持たないので、人に触れたり、物に触れたりして、存在を確かめるようなコミュニケーションが得意です。

活動ゾーンタイプの特徴

・自分の欲求に忠実
・物質的かつ現実的な価値を重要視する
・利便性、合理性、実用性など利用価値を基準に考える
・相手の持っている価値を有効利用しようとする
・手触りや味覚で感じる情報や刺激を大切にする
・人にどのように思われるということよりも、自分の心地よさが優先
・器用な人が多い
・生きる力がある、バイタリティーにあふれている

・感情で物事を考えにくい
・人やモノに触れるコミュニケーションが得意

活動ゾーンタイプが友人・パートナーを選ぶ時の決め手

◆自分にとってメリットがある相手かどうか
◆体の相性が良いか悪いか

活動ゾーンタイプが他者に求めるもの

◆現実的な将来設計
◆接触的なコミュニケーション

活動ゾーンタイプに効果的！ アプローチ術

◎自分の価値を具体的にアピール

活動ゾーンタイプの人はとても堅実で現実的。

まったく手に入れられないかもしれない理想を追い求め、実現可能性の低い妄想を繰り広げることはありません。無駄だ、自分に必要ないと思ったり、理解しにくかったりする場合には興味が薄れてしまいます。

だから、活動ゾーンの人にアプローチをする場合は、とにかく簡単でわかりやすい言葉を心がけることが大切です。

たとえば、ただ「料理が得意」というよりは「洋食が得意」、もっといえば、「ロールキャベツなら誰にも負けない」など、より具体的に伝えるようにしましょう。

また相手にとって、あなたの存在がメリットになると感じさせることも大切です。就職活動での面接試験と同じと考えてみてください。

◎食事に誘うなら誰もが知っている有名店に

活動ゾーンタイプの人は食べることが大好き。

体力があってエネルギーが豊富なので、それを作り出すための栄養、つまり食べ物が必要なのです。

食事に誘うなら誰もが知っているような有名店がおすすめ。知る人ぞ知る、隠れ家的なレストランというよりは、行列ができる店など、そこに「行ったことがある」と人に言ったときに「すごい！」とか「いいなぁ」と言われるようなところがいいでしょう。

「ごはん食べに行こう」とあちらから誘われたときも、こんな感じのレストランがいいなとイメージを言うのでなく、具体的に何が食べたいとか、「このお店に行きたい」

など具体的な店名を出せるようにすると、わかりやすい明確な答えに、あなたへの好印象度がアップします。

◎お得情報で相手の気持ちをキャッチ

活動ゾーンタイプの人は何か得をするようなものが大好き。

イベントや買い物に行くなら、記念品をもらえたり優待券をもらえたりするような物質的なお得感のあるものがおすすめです。

誰もが知る有名人に会えるというようなのもいいでしょう。

食のイベントやフェスなどで、無料の試食や試飲ができるところをピックアップするのもいいですね。「デキルヤツだな」と、あなたを見る目が変わるはずです。

◎活動ゾーンタイプは堅実派

エネルギッシュな方も多く、行動もアクティブなので、おかねも湯水のように使うのでは…というイメージがあるかもしれませんが、そんなことはありません。

このタイプ、メリット・デメリット重視で一見打算的な印象を与えがちですが、見方を変えれば堅実派ともいえるのです。

使える、使えないといった見極めがお手の物のこのタイプ、自分が必要なもの以外には対価を払いません。ポイント還元情報量などは、右に出るものはいないといっても過言ではないでしょう。

◎手作りのプレゼントも効果的

自分自身も手先が器用で、もの作りが得意な活動ゾーンタイプなので、手作りのプレゼントはとても喜ばれるはず。それが実生活で使えるものならなおさら！「便利で、使えるものを作ってくれた」という現実的な価値を喜んでくれます。

「どんなものを作ればいいかわからない」という人は、マフラーや手袋、エコバッグなどがおすすめ。手触りや肌触りなど、触れたときの感覚を大切にするタイプなので、生地などは見た目よりも、触り心地を重視して選ぶと更に◯《マル》。

活動ゾーンタイプにやってはいけないこと

❶あまりに非現実的な話ばかりするのはNGです。熱く夢を語っても「この人は何を夢見てるんだろう……」と冷めた目で見られてしまいます。リアリストなので「理想はこうだよね」「仮にこうなったら……」のような話も「でも現実にはこうだろ」と興味を示しません。

❷抽象的な話や結論のない話をするのはNGです。感覚で物事を考えることが得意ではないので、「明確にわかりやすく話してくれないとわからない」と気分を害します。空気で察してほしいことでも、まず期待通りにはなりません。

❸贈り物に相手の知らないブランドを選ぶのはNGです。自分独自の価値観より、他の多くの人が評価するものに価値を感じるので、ベタでも皆が知っているブランドがよいのです。せっかく知る人ぞ知るブランドを選んでも「何それ知らない」で終わります。

❹相手は接触コミュニケーションを好む、つまりはスキンシップにやさしさや愛情を感じるタイプなので、あまりに控えめすぎると「自分のことが嫌いなのかも」と思われてしまいます。

❺相手がお腹が空いているときや眠いときは全てNGです。本能欲求に忠実なので、だんだん機嫌が悪くなり、それらが満たされない限り、すべてのことに前向きになってくれません。特に大切な話をするときなどは、相手のコンディションに注意しましょう。

活動ゾーンタイプの有名人

・ムロツヨシ（俳優）　・佐藤二朗（俳優）　・亀井静香（元政治家）
・福留孝介（元プロ野球選手）　・稲垣啓太（ラグビー選手）
・カンニング竹山（芸人）　・出川哲朗（芸人）
・ラサール石井（芸人）　・横澤夏子（芸人）
・しずちゃん／南海キャンディーズ（芸人）

3章

〈顔のパーツ〉で本当の気持ちがわかる

顔を構成するパーツにはより細かい特徴が表れている

前章で、それぞれのゾーンの人に対する対処法がわかったと思います。

相手が、どういった行動をとる傾向がある人なのかということを知っているだけで、話のきっかけ作りができたり、理解ができたりしますよね。

さて、今度は目や鼻、口などの顔を構成している各器官を見ていきます。この器官のことをパーツと呼びます。それぞれのパーツには性格傾向が表れているので、ゾーンの行動傾向と合わせて分析すると、自分や相手をより深く知ることができます。最初は顔の中でインパクトのある部分だけに注目してもいいでしょう。これもゾーンと同じように瞬間の印象で判断してみてください。

そして、細かい部分を見ていくうえで、一つ大事なことをお伝えします。

それぞれのパーツには「表」の意味と「裏」の意味があるということを覚えておい

てくださいね。

例えば、「誰とでも仲良くなる」という傾向があるとします。

普通に受け取れば、社交的で付き合いやすい人ということになりますよね。でも、裏の意味を考えてみると、広い付き合いはするけれど、深い付き合いはしない人とも考えられます。

ですから、「こういう人！」と決めつけてしまうことなく、必ず両面から理解するように努めると、自分の可能性や相手の魅力が広がります。

額——思考のスピードがわかる

「額」、つまり、おでこの部分に注目します。

「額」は考えの速さを示すもので、その人がいろいろ考えすぎるタイプなのか、物事をじっくり考えるよりも、早く考えることに重きをおくタイプなのかがわかります。

恋愛でいえば、あなたが告白したときや「結婚したい」と言ったときに、即答するのかじっくり考えてから答えるのか、ということです。

生え際から眉に向かって、おでこはどのような形になっていますか？

①横から見て傾斜している
②横から見てまっすぐ（垂直）
③横から見て丸みがある

①横から見て傾斜している——頭の回転が速い

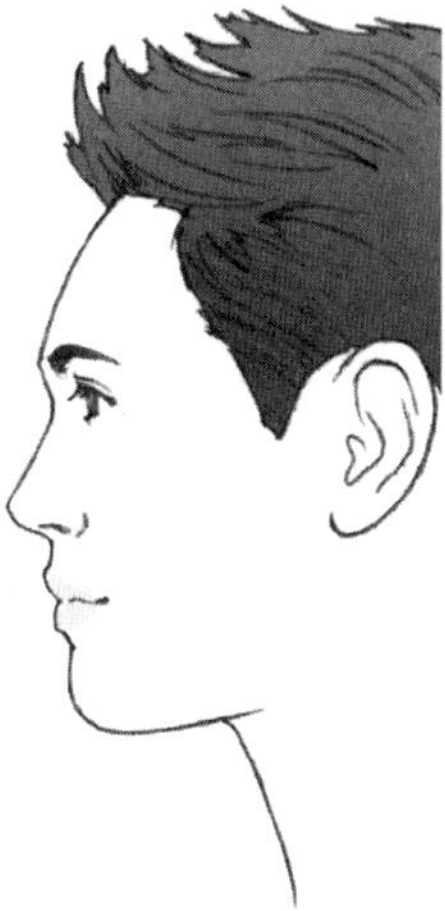

横から見たときに、額が眉に向かって斜めになっている場合は、頭の回転がとても速い人です。瞬時に解決策を考えなければならない政治家にはこのタイプが多いです。

ただ、頭の回転は速いのですが、思考が速すぎて、せっかちになることも。

こういう相手にはまわりくどい表現をすると、スパッと切り捨てられてしまったり、勝手な判断をされたりすることもあります。

わかりやすい言葉で、結論から伝えるようにすると、相手に好印象を与えます。

傾斜は傾斜でも、なだらかな傾斜ではなく、極端に角度がついたタイプの人も時々います。このタイプは、早く結論を出したいがために、短絡的に思いついたことを言うこともありますし、他の人への配慮ができなくなることもあります。

「そんなつもりはなかった」とか「そういう意味ではない」などの理解の相違が発生しないためにも、こちらの言いたいことをきちんと理解しているかどうかを、こまめに確認しながら話を進めるのが大切です。

横からみて額が傾斜している有名人

- 平井堅（歌手）
- 市川團十郎（歌舞伎役者）
- タモリ（タレント）
- 綾野剛（俳優）
- 小沢一郎（政治家）
- 小泉進次郎（政治家）

②横からみてまっすぐ（垂直）——物事をじっくり考える

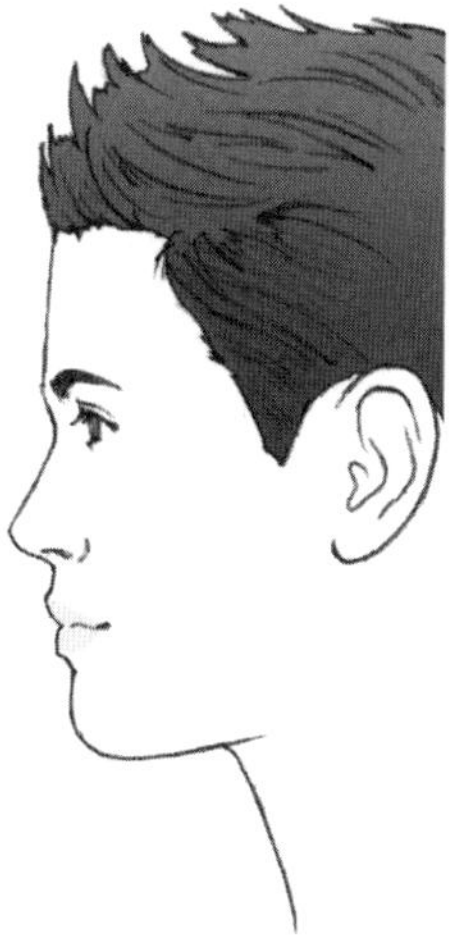

横から見て生え際からまっすぐに下りてきている額の人は、じっくり考えるタイプ。

掘り下げることが得意なので、何か気になることについては直感ではなく、とことんこだわって考えます。

こちらの質問に対する答えや、自分が感じたことをポンポンと語らないので、反応が悪かったとしても「私、嫌われてる？」などと思わなくて大丈夫。

逆にせかされるのが苦手なので、根気よく、相手の話に耳を傾け、相槌を打ったり、話を引き出してあげたりすることがポイントです。

ただ、相手の考えを変えるのは難しく、できたとしても時間がかかります。

また、額に少しも傾斜がなく、垂直のようになっていれば、相当、頑固な人。物事を考えすぎるあまりに狭い考え方に陥ってしまい、柔軟性がまったくなくなる傾向にあります。
ただ、裏を返せば石橋を叩きまくるタイプで、超慎重派ともいえます。

横からみて額がまっすぐな有名人

・ブラッド・ピット（俳優）・藤原竜也（俳優）・瀬戸康史（俳優）
・篠原涼子（女優）・蒼井優（女優）・又吉直樹（芸人・作家）
・岡村隆史／ナインティナイン（芸人）・石原さとみ（女優）

③横から見て丸みがある——想像力が豊か

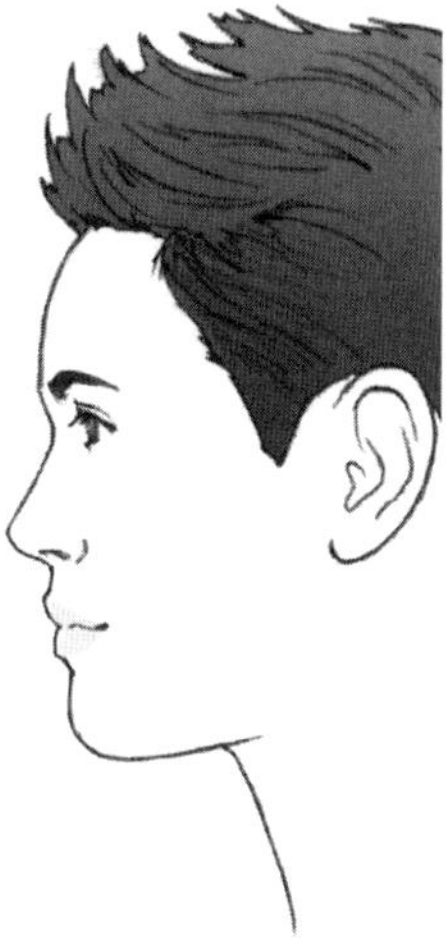

横から見たときに、額がぷっくりと丸いタイプの人はとても想像力が豊かで、超がつくほどロマンチック。自分の頭の中で、いろいろなストーリーを作り出してしまうという特徴があります。

こういうタイプの相手には、あまりストレートに何かを指摘したり、現実的過ぎる話ばかりだと、持ち前の想像力を発揮できず、こちらの話を受け入れてくれないことも。「もし○○だったら?」などと想像をめぐらせるようなことなどを会話におりまぜていくと、あなたと「もっと話したい」となります。

横から見たとき、極端にぷっくりと額が膨らんでいたら、「おとぎの国の住人」といえるほどで、現実的な考え方を否定するタイプと言えます。

こういうタイプの人に大切なことを伝えたいときには、具体的な例を出すことが必要。さらに、理想と現実の接点を常に意識しましょう。

もし理解しあえる点があれば、相手の想像が暴走しても「こんな人だと思わなかった」ということや、夢みがちな一面を糾弾して、傷つけることも避けられます。

横から見て額に丸みがある有名人

・橋本環奈（女優）・宮沢りえ（女優）・山本美月（女優）

・安室奈美恵（元歌手）・ベッキー（タレント）・観月ありさ（女優）

※額がボコボコしている人は？

この形状は、男性よりも女性のほうが出ていても目立ちにくいのですが、横から見たときに、額がボコンボコンと三つぐらいに分かれている人がいます。これは物事を順序よく、論理だてて考えたい人。

しかし、どうしてもロジカルに考えすぎる傾向が強いため、理屈っぽさが増してしまい、ときには攻撃的な印象をまわりに与えてしまうこともあります。

でも、責めているとか、やりこめてやろうなどの悪気はないのです。会話の流れでこうなってしまったら、「うんうん」と聞いてあげてから、さりげなく話題を変えていくのが得策です。

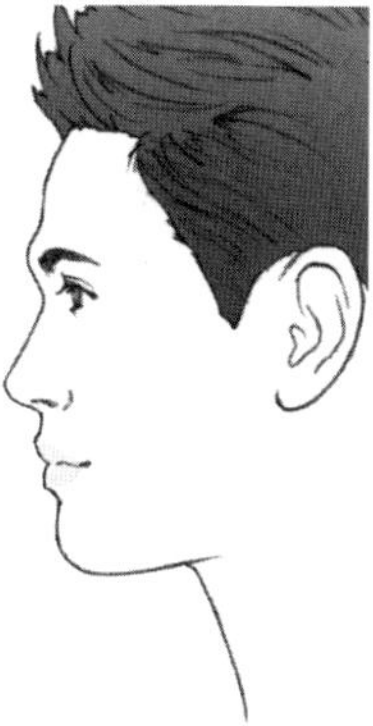

こめかみ――想像したことを実現するための方法や手段を考えられるかがわかる

こめかみの形を見ると、想像したことやアイデアを具現化していく方法を考える力があるかどうかがわかります。

こめかみというのは目の横のあたりです。

顔を正面から見たときに、こめかみにへこみがあるかどうかを見て、判断してください。

①へこみがない
②少しへこんでいる
③大きくへこんでいる

①へこみがない——思考がフラット

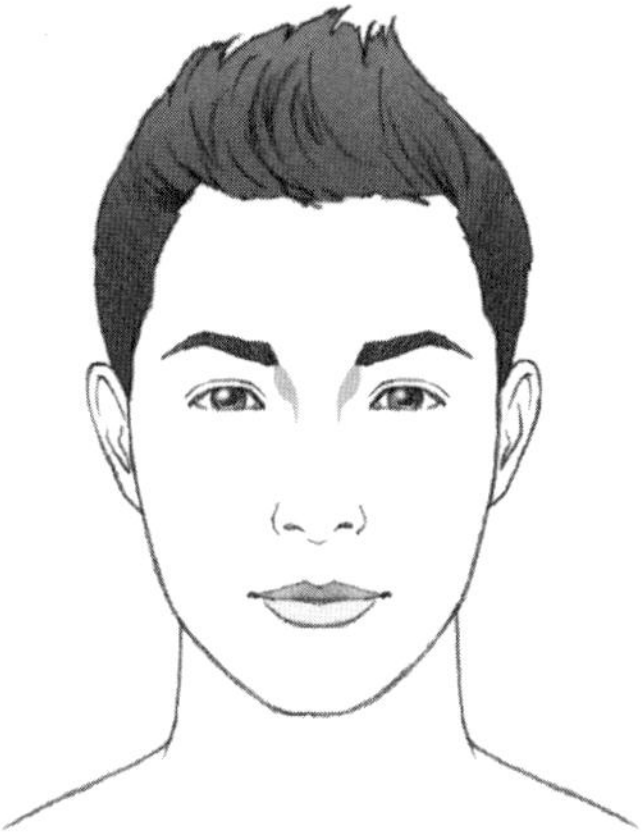

正面から目の横を見たときに、へこみがないこめかみの人は、自分が想像したことや考えたことを実現するための方法を考えることができます。

思考がフラットなタイプなので、たとえばケンカをしても解決策を見出し、歩み寄ってくれます。あなたも意地をはらずに、素直に仲直りしましょう。

自分に対しても、相手に対しても「こうでなくてはならない」という固定観念にはとらわれにくいので、寛容にあなたを受け入れてくれるはずです。

こめかみにへこみがない有名人

- 蒼井優（女優）
- 小泉進次郎（政治家）
- いとうせいこう（タレント）

②少しへこんでいる――道徳・決まりごとを重視する

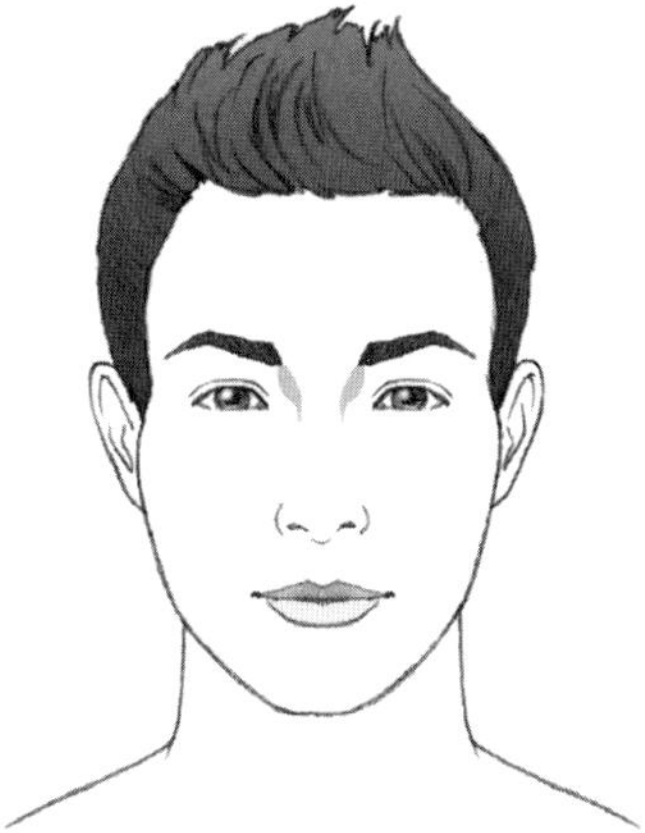

このタイプの人は、世の中のルールや道徳を重視します。

道から外れたことや他人から後ろ指を指されるようなことは決してしません。

このタイプは決まりごとを守ると同時に、自分に対しても「こうあるべきだ」と固執してがんじがらめになることもあります。

何かやりたいことを実現しようとすると きにも、常識や世の中の決まりごとに足を引っ張られてしまうと、実現が遅れること もあります。このタイプには、行動できるよう背中を押してあげるのもいいでしょう。

こめかみが少しへこんでいる有名人

・木村多江（女優）　・財前直見（女優）　・東貴博（タレント）
・平井ファラオ光／馬鹿よ貴方は（芸人）

③大きくへこんでいる——考えすぎて優柔不断

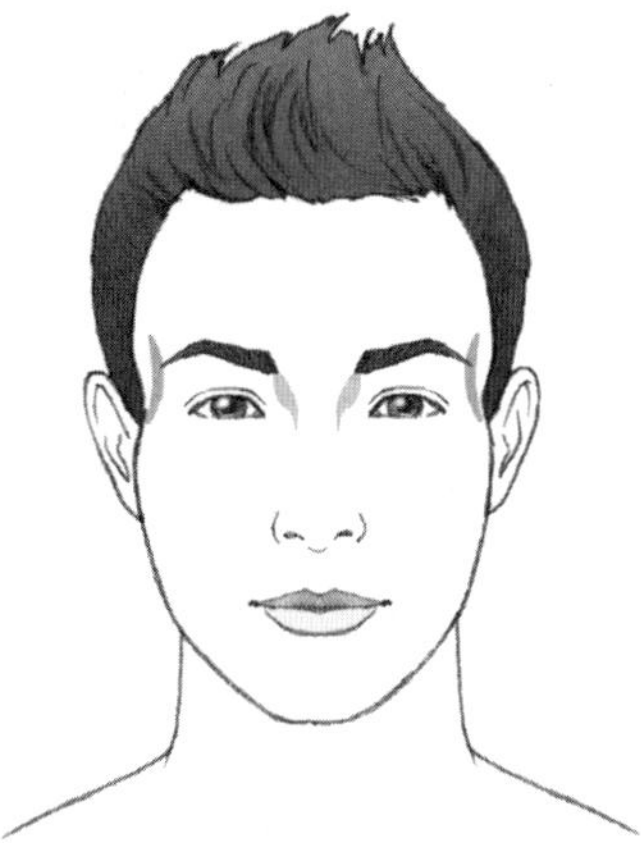

ごくまれですが、こめかみが極端にへこんでいる人がいます。

このタイプは問題が起きたとき、一点集中して考えるので、ほかのことに考えが及ばなくなってしまいます。

例えばケンカをすると、そのケンカそのものに目を向けるので、解決策にまで意識が向きません。そういうときはイライラせず、あなたから問題を乗り越えるための具体例を挙げ、可能性を提案してみましょう。

また、一つのことを考えすぎるくらいに考えてしまうので、なかなか答えを出しません。その姿は、一見すると優柔不断に見えてしまうこともあります。

一方で、物事を慎重に深く考えてくれるので、あなたが思い立ったらすぐ行動！の傾向にあるようでしたら、このタイプの人に助言を求めるのもいいでしょう。

目――情報や知識をキャッチする力がわかる

「目」には、情報や知識をどのように取り入れるかが表れています。情報や知識を「見て」取り入れると考えればわかりやすいですよね。

目からわかる特徴は三つです。

Ⅰ 好奇心
Ⅱ 選択欲求
Ⅲ 柔軟性

自分や相手がどのような情報がほしいのか、その情報をどんな網目のふるいにかけて選ぶかを知ることができます。

目が大きいか細いか、上がり目か下がり目か、目と目の間の距離によって、性格傾向が変わってくるので、さっそくチェックしてみましょう。

〔Ⅰ 好奇心がわかる〕

①細い目

②ぱっちりした目

③目と目の間が狭い

④目と目の間が広い

〔Ⅱ 選択欲求がわかる〕

①横から見て目が出ている

②横から見て目が奥まっている

〔Ⅲ 柔軟性がわかる〕

①上がり目

②下がり目

〔Ⅰ好奇心がわかる〕

①細い目――繊細で情報を選びとる

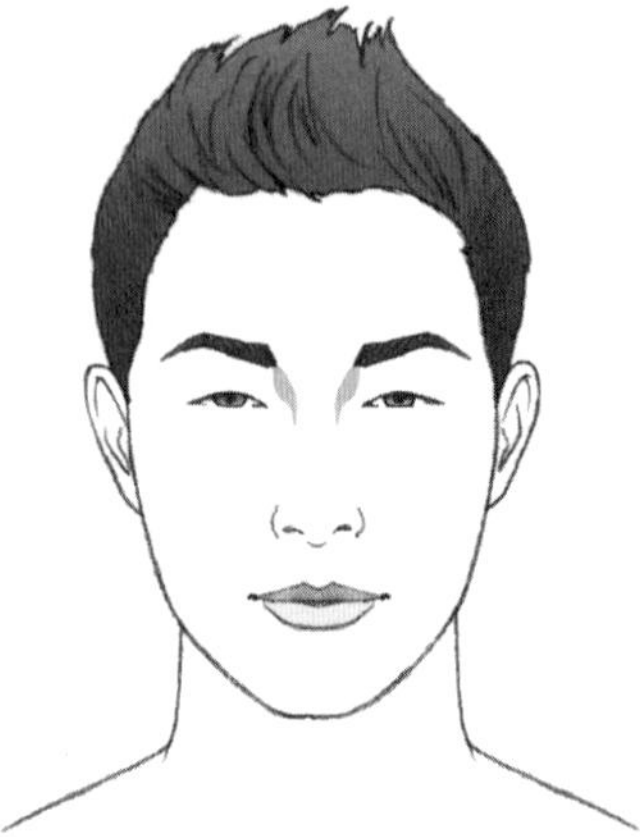

目を網目だと考えると、目が細いということは、必要なものだけが網目を通過することになります。つまり、情報は自分で選びとらないと気がすまないのです。

たくさんの人と広く浅く友達になるというよりは、自分でじっくり選んだ数人を大切にします。

社交的に見えても、実は人見知りで警戒心が強かったり、繊細さや細やかさがあったりする部分もあるので、仲良くしたいと思ったら、私は「あなたの味方だよ」「理解しているよ」などとアピールし、相手の警戒心を解くのがポイント。
嘘や裏切りをせず、まっすぐに素直な気持ちを見せてくれるとわかれば、心を開いてくれます。仲良くなるまでは時間がかかるかもしれませんが、一度、親しくなれば、より仲を深めることができます。

細い目の有名人

- 井ノ原快彦（タレント）・綾野剛（俳優）・大沢たかお（俳優）
- 市原隼人（俳優）・高橋克典（俳優）・及川光博（俳優）
- 星野源（歌手・俳優）・浅野忠信（俳優）
- みやぞん（芸人）・笑福亭鶴瓶（落語家）
- 羽生結弦（プロスケーター）

②ぱっちりした目――好奇心旺盛で情報をたくさん集めたがる

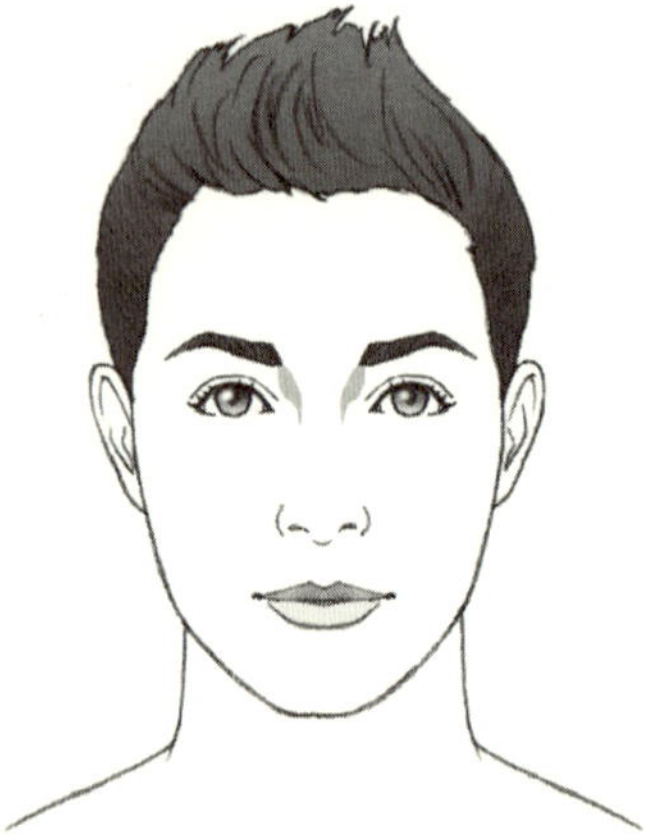

目がぱっちり開いているのは好奇心旺盛な人で、相手のことをなんでも知りたいと思うタイプ。

どんな情報もとりあえず受け入れてみようという姿勢を見せます。

お相手がこのタイプなら、いろいろなところに誘っても大丈夫。ガンガンとアプローチをして、まず仲良くなりましょう。

はじめはグループで行動してもいいですが、一緒に盛り上がれる人だと感じてもらえたら、受け入れてくれるのも早いです。

このタイプの人は目から入ってくるものに影響を受けやすいので、情報を取り入れすぎて何が大切なのかわからなくなってしまうことも。会話の合間に、何が一番で何が二番なのかなど、本人にとって有用な情報の整理と順番付けをしてあげることが重要です。

ぱっちりした目の有名人

・新田真剣佑（俳優）・山崎賢人（俳優）・橋本環奈（女優）
・三浦翔平（俳優）・瀬戸康史（俳優）・ローラ（タレント）
・波瑠（女優）・有村架純（女優）・安達祐実（女優）
・博多華丸／博多華丸・大吉（芸人）

③目と目の間が狭い——集中力がある

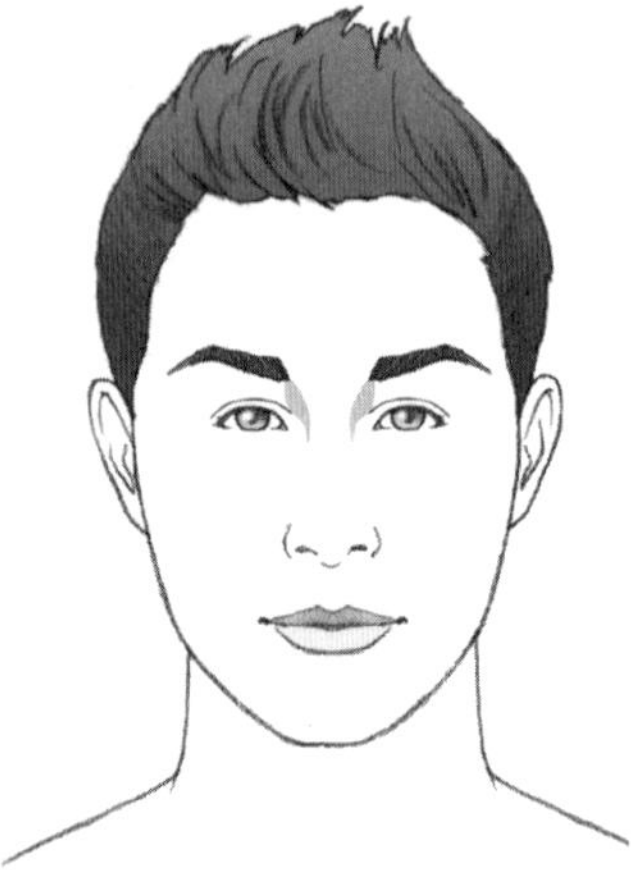

左右の目の間の距離を見てください。

この目と目の間というのは、好奇心への間口の大きさを表します。

目一つ分よりも狭い人は、一つのことに集中できる人。

逆に言えば、一度にいくつものことをすることができません。恋愛でいえば一途な人でしょう。

もし、あなたがこのタイプなら、相手に集中しすぎて「重い」と思われてしまう可能性もあるので、相手との距離感を大切にしましょう。

④目と目の間が広い——好奇心旺盛すぎて、あれもこれもと目移りしがち

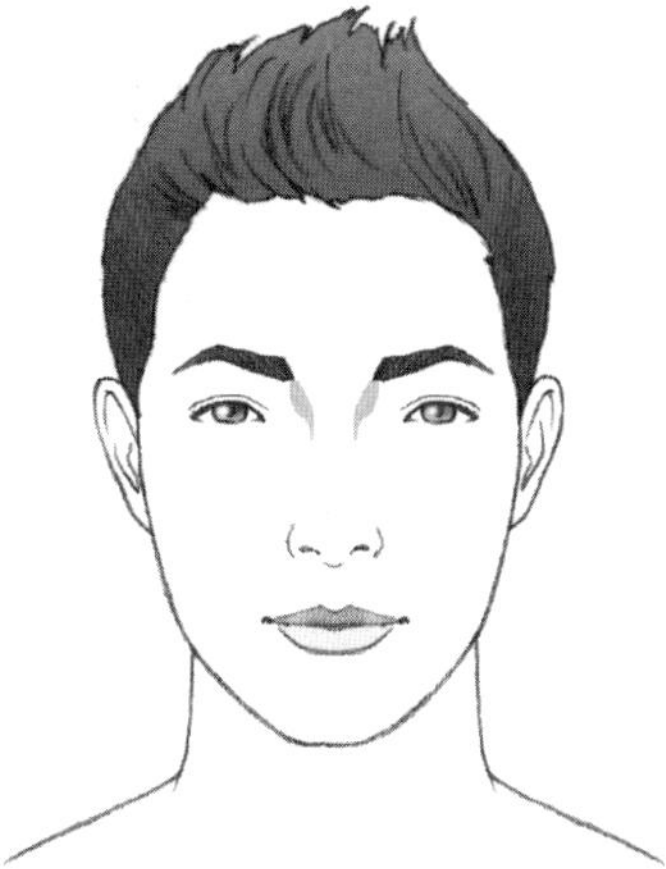

目と目の間が広い人は、いろいろなことを一度に知りたいタイプ。
目が細い人は自分で情報を選びとりたいタイプということは前にお話ししましたね。
ですから目が細くても、目の間が広い人は「たくさんの情報を集めて、その中から自分にとって価値のあるものを選びたい」人ということになります。
恋愛でも、一人に決め打ちするのではなくて、いろいろな人に会って話して、その中から最終的に自分に合う人を見つけたいという傾向があります。

〈Ⅱ 選択欲求がわかる〉

①横から見て目が出ている——見た目で判断しがち

今度は横を向いた状態で、目の形をチェックします。

まゆがしらから垂直に線をひいたと考えてみましょう。

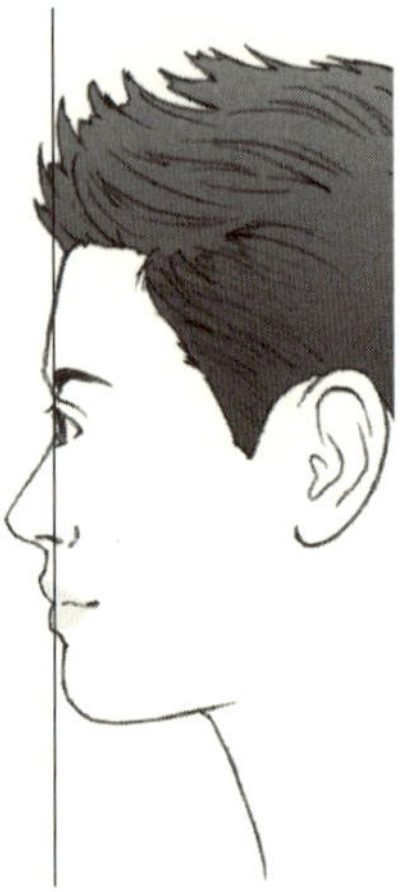

まゆがしらよりも目が出ている場合は、目から入ってくる情報に影響されやすい人です。つまり、物事を見た目で判断をします。

このタイプの相手と話をするときやデートに誘うときなども、具体的にイメージできるように写真を見せるなど、言葉だけでなくビジュアルでも確認させるといいでしょう。

②横から見て奥まっている――情報は自分で選びたい

先ほどとは反対に、まゆがしらから垂直に線をひいたと考えたとき、目が奥まっている人もいます。

こういったタイプの人は、情報を選びたいという気持ちが強いのです。

このタイプの人に対し、意見を押し付けたり、何でもかんでも決めてしまったりするのはＮＧ。

しっかり考えや希望を聞いてあげるようにしましょう。

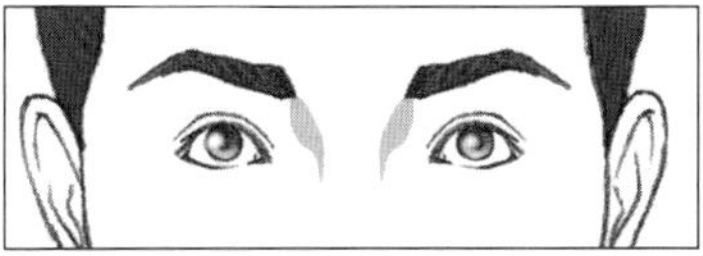

※三白眼

目を正面から見たときに、細い大きいに関わらず、白目の部分の多い人がいます。

普通は黒目の両側が白いですよね。それに加えて、下の部分も白い場合は、疲れていたり、悩みがあったりする状態です。

〔Ⅲ 柔軟性がわかる〕

①上がり目——意志が強い

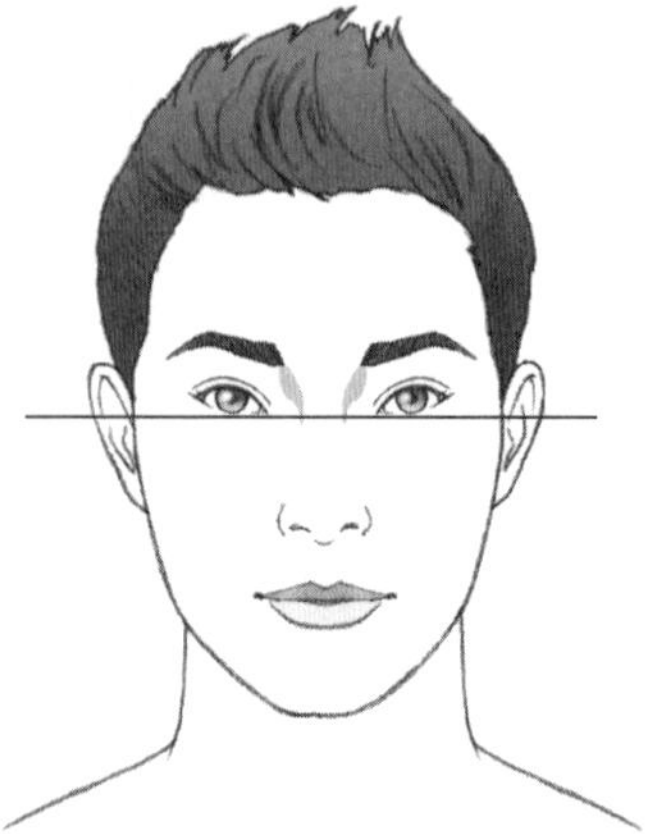

顔を見て、目頭から耳の方にまっすぐに線を引いたと考えてみてください。

目尻がその線よりも上がっているか下がっているかで、人の意見を聞き入れるタイプかそうでないかがわかるのです。

上がっているタイプは、自分が興味のあることだけにとことん目を向けます。

人はたいてい、自分がやりたいことだけに興味を持つものですが、こういうタイプの人は特に顕著です。

人の意見に耳を傾けず、自分の考えに固執しがち。それはときとして意志の強さにもつながりますが、高じると視野が狭くなってしまうことも。
自分のやり方を否定されたり、強く指示されたりすることを嫌うので、表面上はニコニコしていても、実はまったく聴いていないタイプです。

上がり目の有名人

・菅田将暉（俳優）　・永瀬廉／King & Prince（タレント）
・柳楽優弥（俳優）　・松田翔太（俳優）
・長谷川博己（俳優）　・桐谷健太（俳優）　・広瀬すず（女優）
・菜々緒（女優）　・深田恭子（女優）　・剛力彩芽（女優）

②下がり目——人の意見をきちんと聞ける

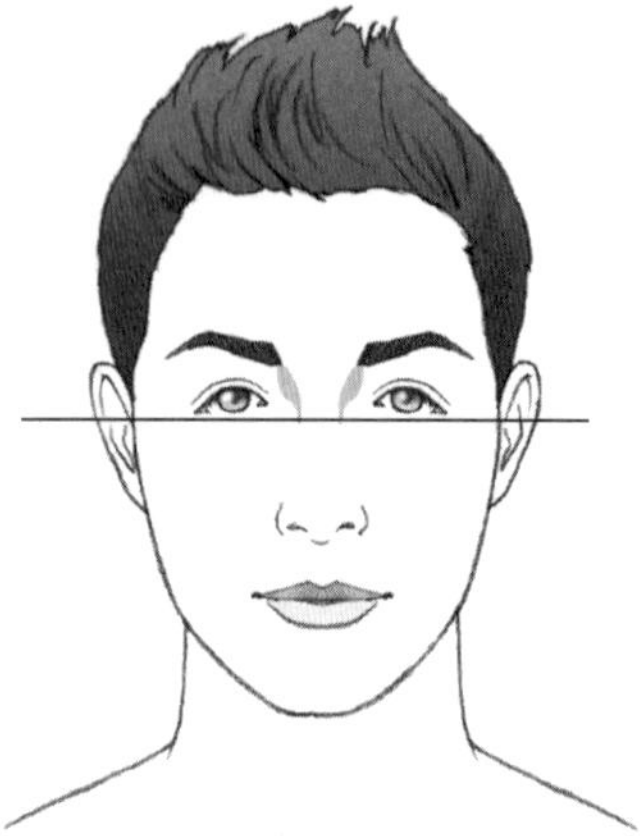

目頭よりも目尻が低い位置にある人は、人の話をしっかり聞き、目の前の物事をじっくり見つめることができる人です。

名脇役と言われる役者さんには、このタイプが多いです。役をしっかり受け入れて、自分のものにできるからですね。

ただ、極端に下がっている人は優柔不断になりやすく、人の意見を聞いては「なるほど、そうかも」「こっちもいいかも」などと流されやすい状態です。

下がり目の有名人

・大沢たかお（俳優）　・峯田和伸（俳優）　・えなりかずき（俳優）
・井ノ原快彦（タレント）　・日村勇紀／バナナマン（芸人）
・ヒュー・グラント（俳優）　・小沢一郎（政治家）

目尻に関しては自分の今の状態をチェックするのにも使えます。

毎日、鏡を見るときに目尻を確認してみてください。

つり上がっているようであれば、無意識に人の話を聞けなくなっている状態です。

一方で、目尻が下がっていると感じれば、人の意見に流されてしまい、自分の意見を見失いがちになっています。

いつもと違うなと感じたら、意識して人の意見に耳を傾けたり、自分の考えを整理したりしてみましょう。

鼻——本音がわかる

「鼻」には、いろいろな情報が集まっています。
「鼻」を見てみれば、およその考え方の傾向がわかります。

鼻からわかる特徴は三つあります。

Ⅰ 意思を上手に伝えられるか、伝えられないか
Ⅱ 言わずにはいられないか、秘密主義か
Ⅲ 愛情の質と量、どちらを求めるのか

これらはそれぞれ見る場所が違います。
さっそくご説明していきましょう。

〔Ⅰ 意思を上手に伝えられるか、伝えられないか〕

①横から見て傾斜がある

②横から見て傾斜がない

③横から見て鼻筋が波打っている

〔Ⅱ 言わずにはいられないか、秘密主義か〕

①正面から見て鼻の穴が見える

②正面から見て鼻の穴が見えない

〔Ⅲ 愛情の質と量、どちらを求めるのか〕

①鼻筋が細い

②鼻筋が太い

③鼻の穴が丸々としている

④鼻の穴が三角形になっている

〔Ⅰ 意思を上手に伝えられるか、伝えられないか〕

①横から見て傾斜がある――主義主張をはっきり伝える

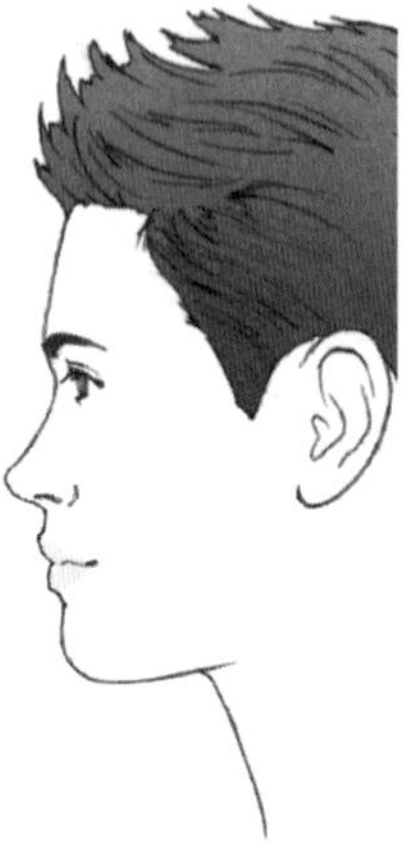

自分の考えや思いをしっかり伝えることができる人です。

しかも、発言に勢いもあります。

俳優さんや女優さんで言うと、主演を務めるタイプの人が多いです。

ただ、勢いが強すぎて、それを強引だと感じてしまうこともありますが、相手の考えをハッキリ知りたい人や、お互いの意見を遠慮なくぶつけ合いたい人、もしくは、相手に合わせる方が楽だという人にとっては相性が良いでしょう。

横から見て鼻に傾斜がある有名人

・木村拓哉（タレント）・山田孝之（俳優）・向井理（俳優）
・篠原涼子（女優）・多部未華子（女優）・綾瀬はるか（女優）
・新垣結衣（女優）・宮崎あおい（女優）・北川景子（女優）

②横から見て傾斜がない——自分の考えを伝えるのが控えめ

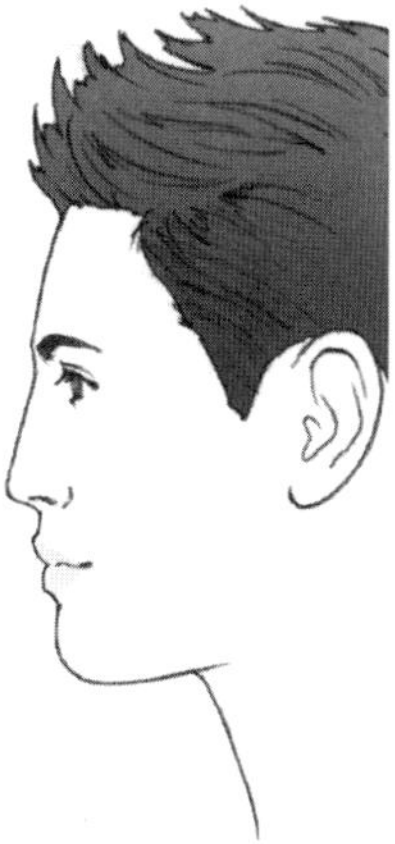

横から見たときに、鼻が斜めになっておらず、まっすぐにストンと落ちているタイプの人は、自分の考えや思いをを伝えるのがあまりうまくありません。

自分の考えを押し殺してしまったり、はっきり言えずに、オブラートに包んでしまったりする傾向にあります。

横から見て鼻に傾斜がない有名人

・亀梨和也／（タレント）

・藤井流星／WEST.（タレント）　・本郷奏多（俳優）

・百田夏菜子／ももいろクローバーZ（タレント）　・板野友美（タレント）

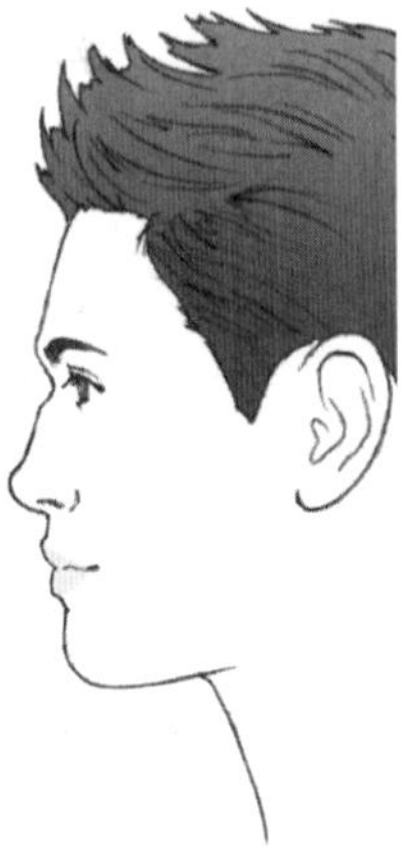

③横から見て鼻筋が波打っている
――感情の起伏が激しい

横から見たときに、鼻がぼこぼこと波打っていることがあります。

このタイプは自分の思いが強くなったりひっこんだりするので、感情の起伏がとても激しいです。

感受性が敏感なため気分を害しやすいタイプです。

※横から見て鼻先が丸い

鼻の先の部分もチェックしてみましょう。

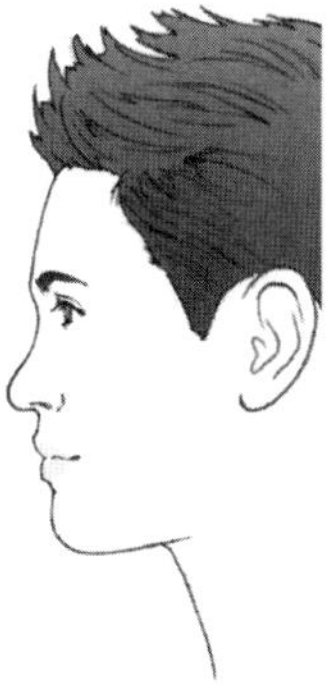

鼻先が丸まっている人がいます。

このタイプは、自分の安全や成功を確信したときだけ、思いを率直に伝えるのです。つまり、口に出して何かを言うということは、それなりに自信があるということになります。

恋愛で例えるならば、もしあなたに興味があっても、よほど成功の自信がないと告白してくることはありません。

もし相手がこのタイプなら、あなたから思いを打ち明けるか、態度でアピールするようにしましょう。

〈Ⅱ 言わずにはいられないか、秘密主義か〉

①正面から見て鼻の穴が見える――思ったことを言わずにはいられない

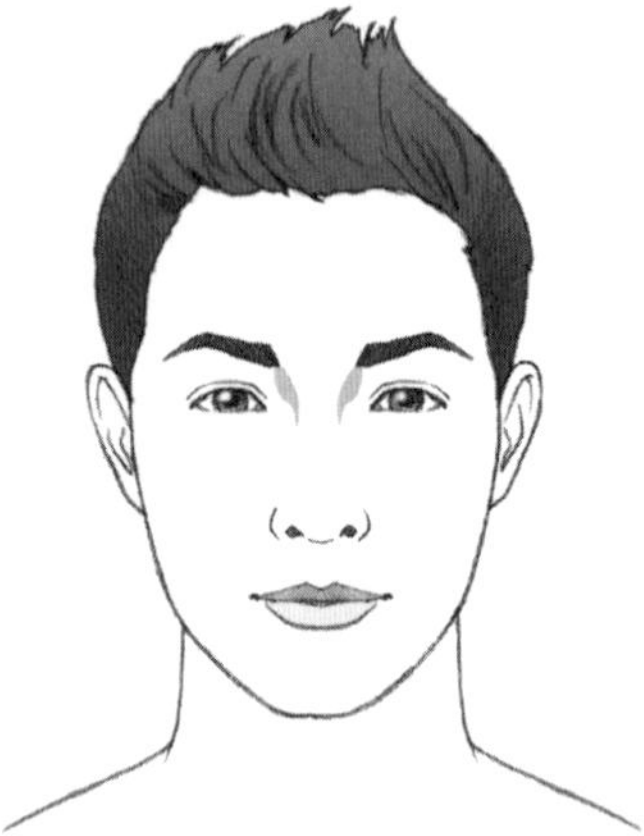

鼻の穴というのは感情の吐き出し口。鼻の穴が見えるタイプは、思ったことは率直に相手に伝える傾向にあります。

ただ、考えを何でも口にしてしまうので、裏表はないのですが、不用意な発言や、軽口をたたいたりすることもあります。

でも、悪気はないので、こちらも思ったことを伝えるようにするといいでしょう。

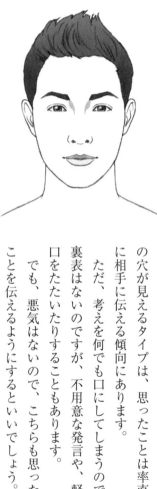

鼻の穴が見える有名人

- 松田龍平（俳優）
- 吉沢亮（俳優）
- 福山雅治（俳優）
- 吉田羊（女優）
- 北川景子（女優）
- 高畑充希（女優）
- 松本穂香（女優）
- 市川実日子（女優）

②正面から見て鼻の穴が見えない――秘密主義

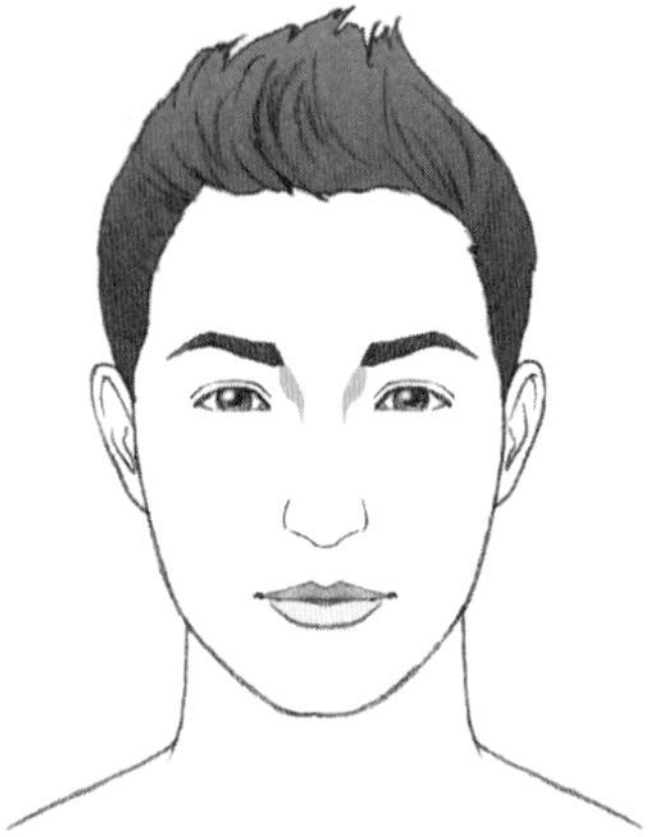

鼻の穴が見える人とは反対で、このタイプはとても秘密主義。なかなか本音を言うことはありません。

むしろ、本音と建前を巧みに使い分けることができるし、調子を合わせてくれるので、このタイプの人の言葉を鵜呑みにしてしまうと、あとで痛い目に遭うことも。

こういうタイプは会う回数を重ねて、本音を引き出すようにすると付き合いやすくなります。

鼻の穴が見えない有名人

・若林正恭／オードリー（芸人）・井浦新（俳優）・長澤まさみ（女優）
・松下奈緒（女優）・堀北真希（元女優）
・滝川クリステル（フリーアナウンサー）
・しずちゃん／南海キャンディーズ（芸人）・堺雅人（俳優）

〔Ⅲ 愛情の質と量、どちらを求めるのか〕

①鼻筋が細い――深く愛されたい

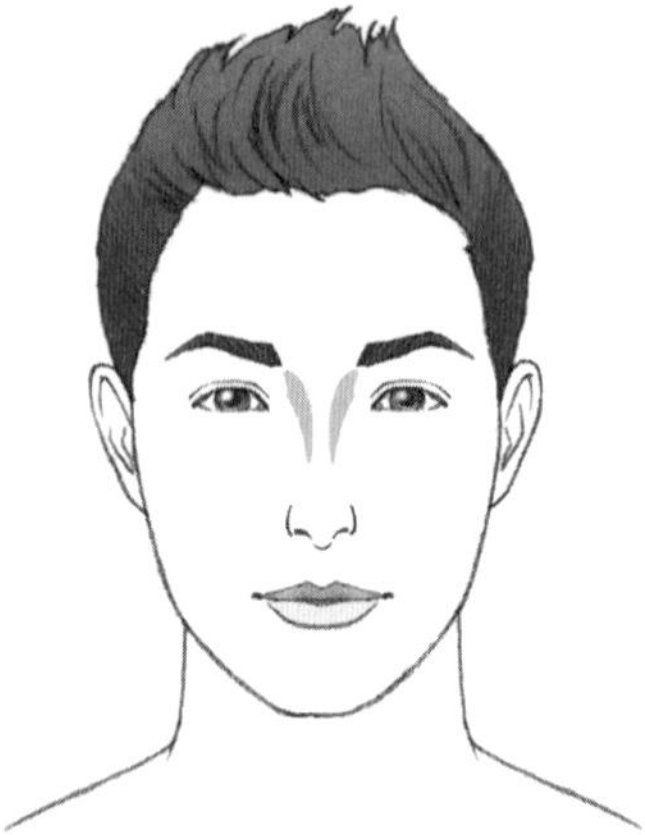

鼻筋は愛情に質を求めるのか、量を求めるのかを表しています。

鼻筋が細く、小鼻の肉付きが薄い人は、とても傷つきやすいタイプ。

愛情の質を求めるので、自分にとって最良の人からだけ深く愛されたいと願います。だから、男女問わず八方美人タイプの人は苦手です。

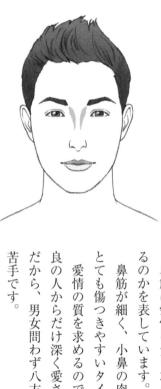

②鼻筋が太い――広く愛されたい

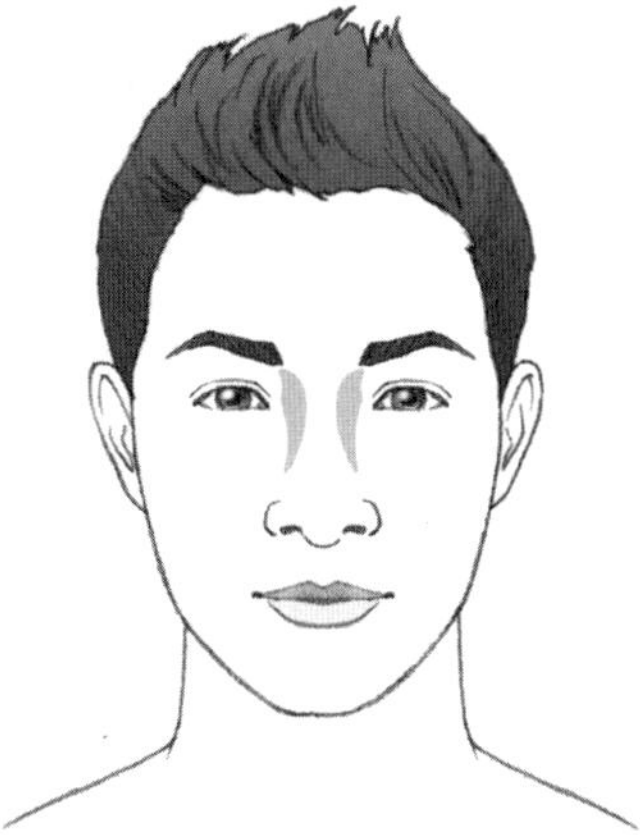

このタイプの人はコミュニケーション方法がダイナミック。

いろいろな人と交流したいと思うし、誰からも広く愛されたいと考えます。つまり、愛情の量を求めるタイプです。

なお、小鼻がぽってりとしていてかぼちゃのような形の人は独占力が強いタイプです。かまってちゃんにはピッタリですが、あなたが束縛されたくないタイプならコミュニケーションは難しいタイプと言えるかもしれません。

③鼻の穴が丸々としている——傷つきやすく、愛情欲求が強い

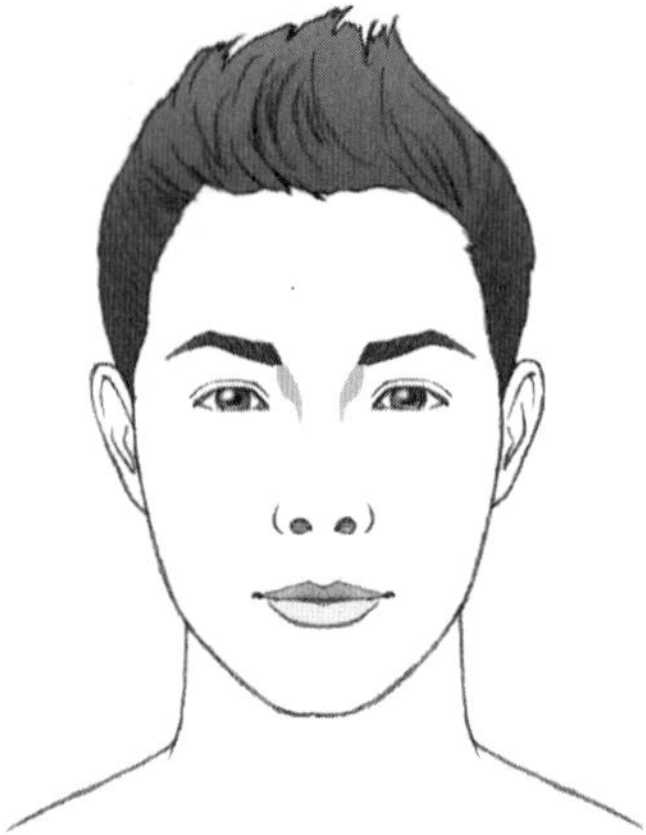

鼻の穴が丸い人は、傷つきやすく、とても繊細。たくさんの愛情を欲している赤ちゃんと同じなのです。

顔は笑っていても、心で泣いているということもあります。

「あなたのことはきちんとわかっているよ」「いつでも話をきくよ」ということを伝えてみて下さい。あなたは頼られる存在になるはずです。

④鼻の穴が三角形になっている――感受性が敏感、完璧主義

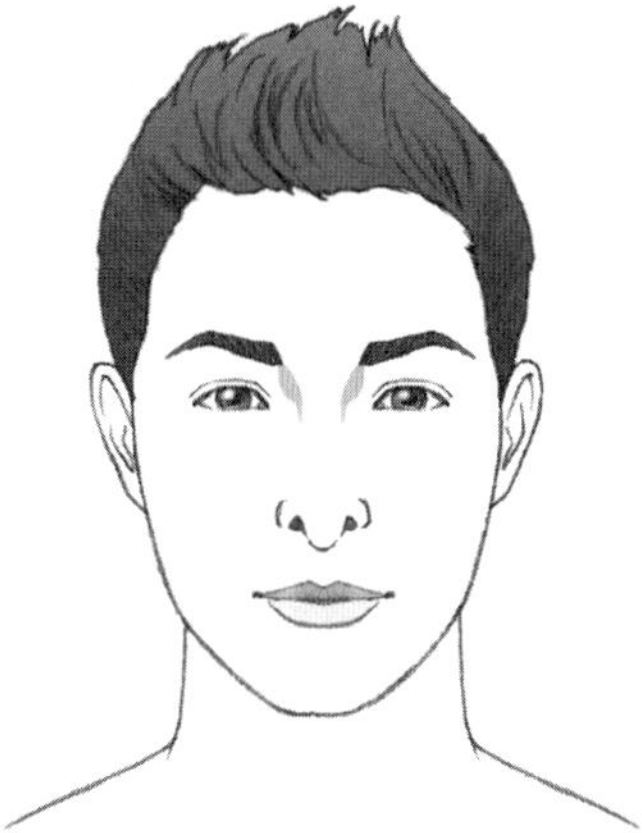

鼻の穴が三角形をしている人は、過敏なほどの感受性があります。

何に対しても敏感に反応するので、話しかけるときは様子を見て、言葉を選ぶようにしましょう。

同時に、常に自分にとって一番のものを選びたいという思いがあるのです。

感じやすい一方で、自分で選びたいというこだわりもあるので、考えを押し付けられることが嫌いです。

頬——判断基準が「質」か「量」かがわかる

頬からは二つの特徴がわかります。

Ⅰ 深く愛されたいか、たくさん愛されたいか

Ⅱ 愛されたい欲求の度合い

まず、「頬」の肉付きの高さには、物事を選ぶときに質を重視するのか量にこだわるのか、ということが表れています。つまり、「凝縮された深い愛情を欲する質重視タイプ」か、「いっぱいの愛情がほしい量重視の欲ばりタイプ」かがわかるのです。

そして、頬骨の大きさは、「愛してほしい！」「社会で成功してやる！」という愛情にしろ社会的にしろ、欲求の強さの表れです。

具体的に見ていきましょう。

〔Ⅰ深く愛されたいか、たくさん愛されたいか〕

①頬の肉付きの位置が高い

②頬の肉付きの位置が低い

〔Ⅱ社会的成功欲求・愛されたい欲求の度合い〕

頬骨が大きい

〈Ⅰ 深く愛されたいか、たくさん愛されたいか〉

①頬の肉付きの位置が高い――オンリーワンの愛を求める

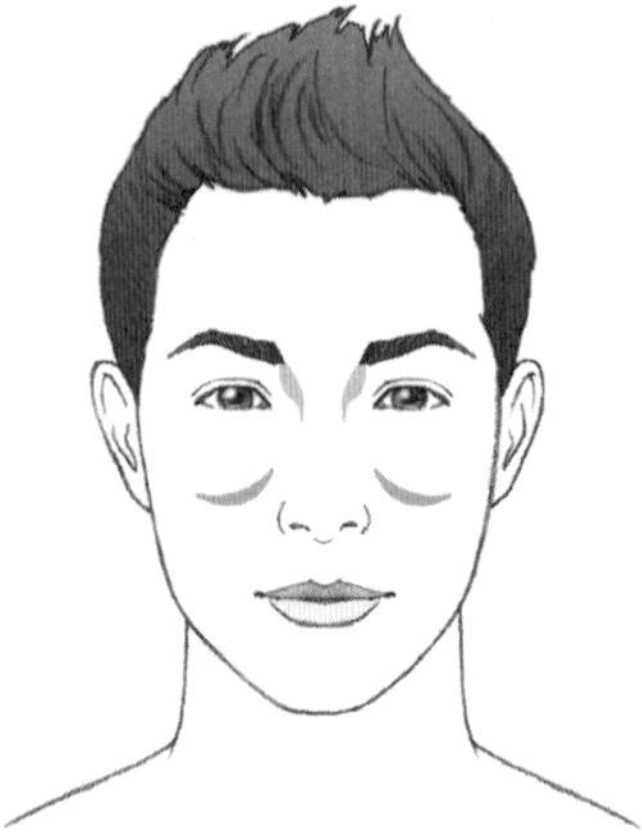

頬の肉付きの頂点の位置をみてみましょう。

高い位置に頬の肉付きがある人は、「質」を求めるので、恋愛ならば「一人から愛されればいい」というタイプ。

相手が自分のことをどれだけ大切に思ってくれているかということを重視します。そのため、こちらに対する要望にもこだわりがあります。

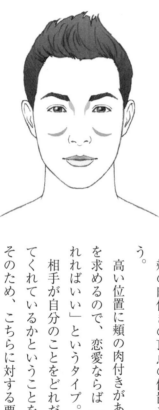

②頬の肉付きの位置が低い――たくさんの人からの愛を求める

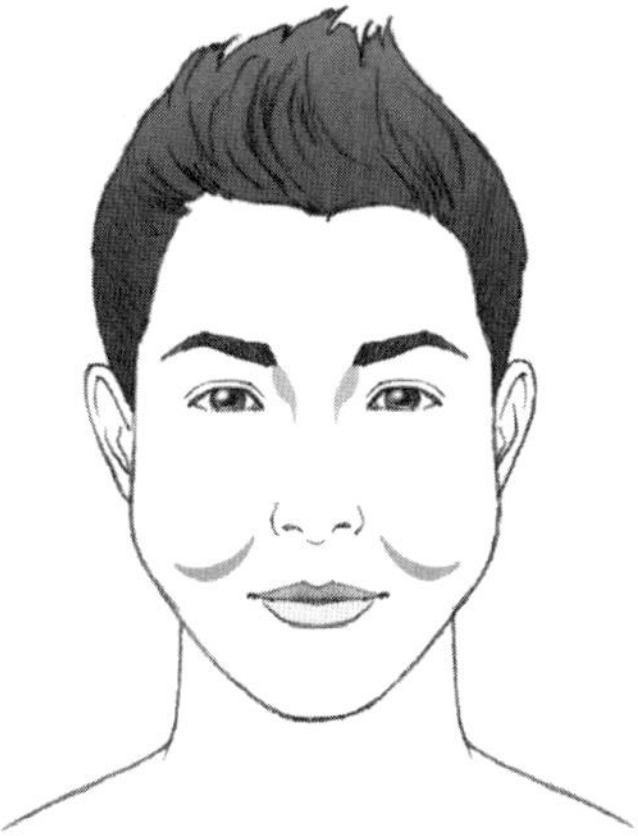

頬の位置が高い人とは逆で、コミュニケーションは質よりも量にこだわります。

つまり、たくさんの愛情を欲する人ですから、まずは多くの人からの愛情を欲しがります。その愛情のかけ方にこだわりはありません。

このタイプと仲良くなるためには、あれこれ世話を焼いたり、話しかけたりすることから始めましょう。

一対一でのコミュニケーションの場合は、言葉や態度で示すなど、あらゆる手段を使ってたくさんの愛情を伝えることがポイントです。

〈Ⅱ 愛されたい欲求の度合い〉

頬骨が大きい——「社会的成功」「愛して」欲求が強い・独占欲が強い

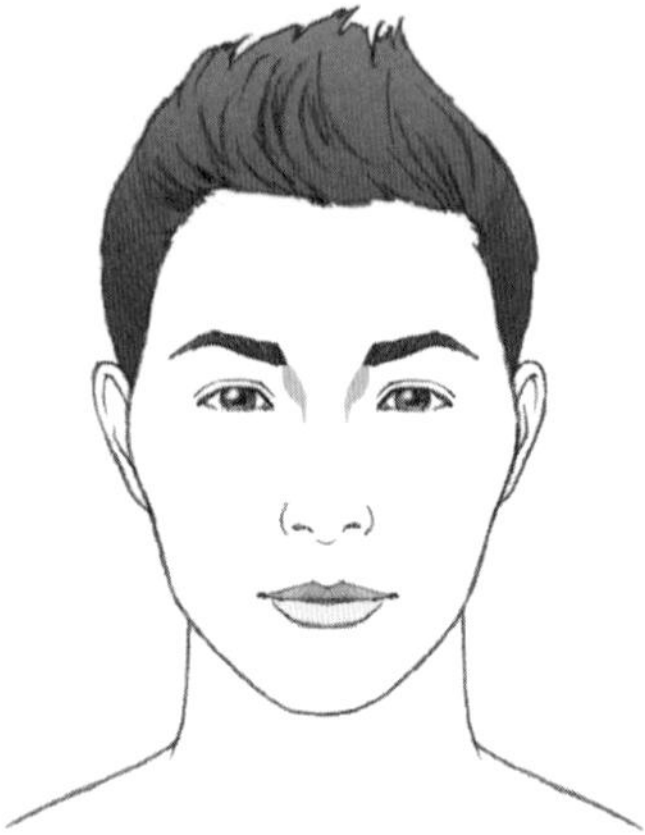

頬骨の大きさは「愛してほしい！」「社会的に成功したい！」という欲求を表します。

頬骨が大きければ大きいほど「愛して」欲求もマックス！

あなた自身、独占欲が強いタイプなら、このタイプの人を選ぶとうまくいきます。

ただ、度をすぎてしまうと、満足を知らないただの「かまってちゃん」になってしまうのでご注意。

「成功してやる！」という勢いがある欲求は、何か目標を決めた時に強くなります。

頬骨が大きい有名人

・明石家さんま（芸人）・柳楽優弥（俳優）・林遣都（俳優）
・松たか子（女優）・草彅剛（俳優）・杏（女優）・柄本時生（俳優）

耳──独立心がわかる

「耳」は形や耳たぶの大きさなどではなく、正面から見たときに起き上がっているか、そうでないかによって判断します。

それを見ることで、独立心があるかどうかがわかります。

①正面から見て立ち上がっている
②正面から見て立ち上がっていない

①正面から見て立ち上がっている——独立心が強い

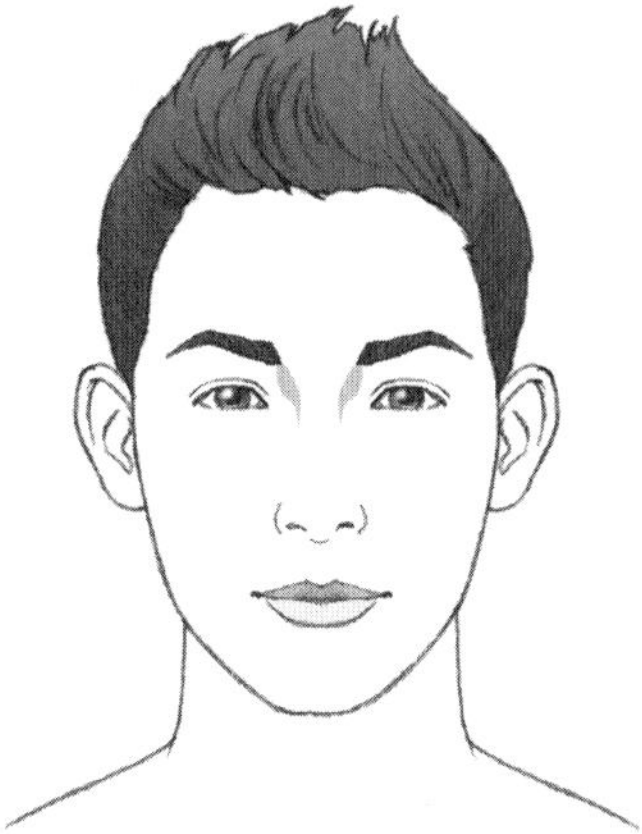

顔を正面から見たときに、耳の穴が見えるくらい立ち上がっている人がいます。

こういうタイプは独立心や自立心が強く、なんでも自分でやってやろうという姿勢の人です。

あまり人に依存することもありませんし、何かトラブルや困ったことが起きても、一人で物事に立ち向かいます。

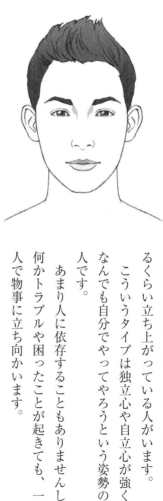

耳が立ち上がっている有名人

・永山瑛太（俳優）・小栗旬（俳優）・岡田准一（俳優）
・鈴木亮平（俳優）・菅田将暉（俳優）・佐藤健（俳優）
・イチロー（元プロ野球選手）・岡村隆史／ナインティナイン（芸人）
・浅田真央（プロスケーター）・中川翔子（タレント）・前澤友作（実業家）

②正面から見て立ち上がっていない——協調性がある

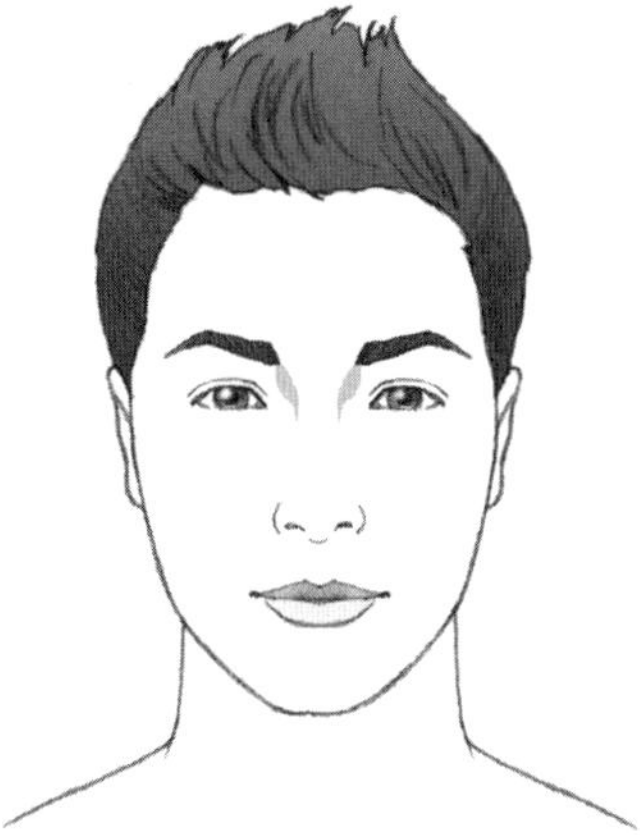

正面から見たときに耳が見えない場合は、独立心があまり強くありません。協調性があり、みんなと一緒に行動することが好きな人です。

あまり変化を好まず、現状に満足しているときも、耳が顔にぴったりそうような形になっています。

その一方で、「まあ、いいか」と状況にまかせている場合も考えられます。耳が見えないくらいの人は自己主張が少なく、周りに合わせがちで、事なかれ主義に陥っている場合もあります。

耳が立ち上がっていない有名人

・峰竜太（タレント）　・三村マサカズ／さまぁ～ず（芸人）

・小杉竜一／ブラックマヨネーズ（芸人）　・小日向文世（俳優）

口――他者とのコミュニケーション方法がわかる

「口」は、いろいろなものが出入りする場所ですよね。

口の形を見ると、他者とのコミュニケーション方法やエネルギーを排出する方法、エネルギーの消費具合がわかります。

具体的には、どのように他者とコミュニケーションをとっていくのかを分析します。

また、そのときの心の状態も分析することができるのです。

口からわかる特徴は四つ

Ⅰ 発する言葉は優しいか、直球か

Ⅱ 心の状態は前向きか、後ろ向きか

Ⅲ 自制心を示す

Ⅳ エネルギーの使い方

まず、注目するのは、唇と口角、そして、唇の閉じ具合です。
唇の厚さや口角の上がり下がりをチェックしてみてください。

〔Ⅰ 発する言葉が優しいか、直球か〕
①唇が厚い
②唇が薄い
〔Ⅱ 心の状態が前向きか、後ろ向きか〕
③口角が上がっている
④口角が下がっている

〔Ⅲ 自制心を示す〕
⑤唇が閉じている
⑥唇が開いている
〔Ⅳ エネルギーの使い方〕
⑦輪郭に対し口が大きい
⑧輪郭に対し口が小さい

〔Ⅰ 発する言葉が優しいか、直球か〕

①唇が厚い――温厚で穏やか

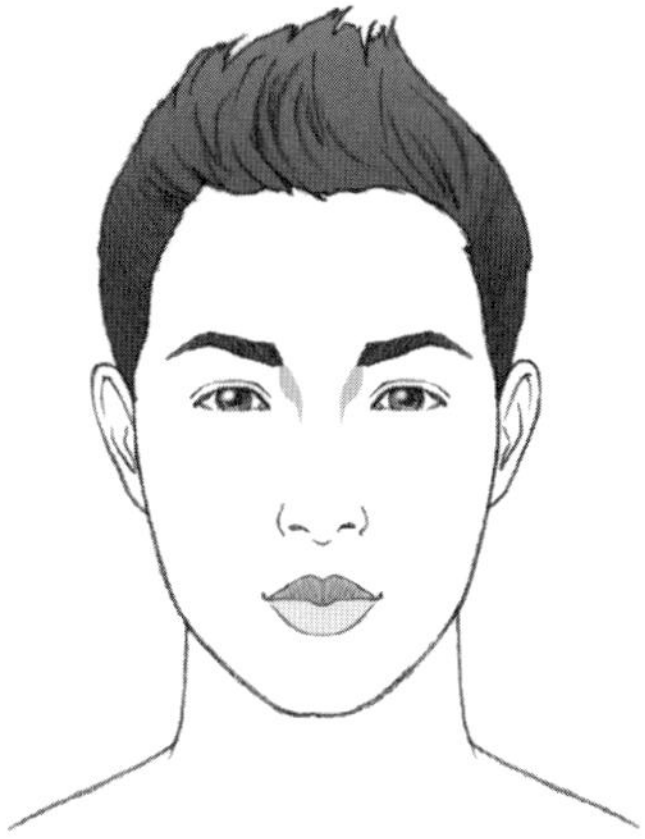

唇が厚い人は、見た目の印象どおり、温厚なタイプ。口調も穏やかです。

思いやりのある言葉で励ましてくれたり、元気づけてくれるほめ上手なタイプです。

相手が優しいからといって、それに甘えてこちらがストレートな言葉を投げつけると深く傷つけてしまうことも。言葉を選びながら気持ちや考えを伝えるようにしましょう。

唇が厚い有名人

・田中圭（俳優）・斎藤工（俳優）・福士蒼汰（俳優）・瀬戸康史（俳優）
・西島隆弘（歌手）・菅田将暉（俳優）・東出昌大（俳優）
・鈴木亮平（俳優）・平井堅（歌手）・石原さとみ（女優）
・渡辺直美（芸人）・水原希子（タレント）・上戸彩（女優）

②唇が薄い――悪気はないが、口調が冷たい

唇が薄い人は物事や出来事に対し、的確に指摘することができます。
ただ、正しいことを言ってはいても、口調がやや冷たいと感じてしまうかもしれませんが、悪意があるわけではありません。

このことを理解しておくだけでも、コミュニケーションの仕方に広がりが出ます。
がっつりやりあおうとするとマウントの取り合いになりかねないので、主導権は相手

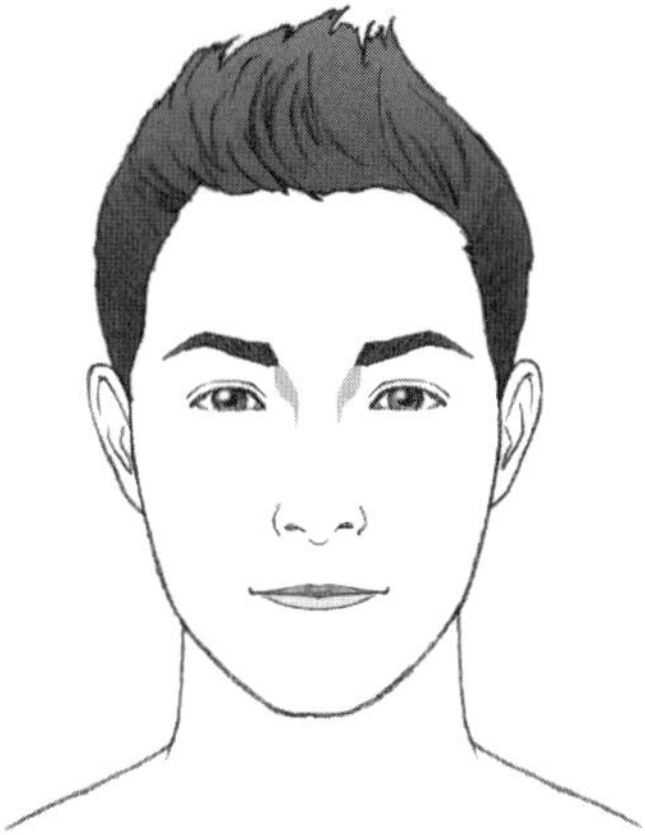

に持たせた方がいいでしょう。
会話の中で、いつも明確な答えがほしい人にとっては、こういうタイプの相手との相性は良いです。

唇が薄い有名人

・藤原竜也（俳優）　・小池徹平（俳優）　・ビル・ゲイツ（実業家）
・前澤友作（実業家）　・小泉純一郎（元首相）　・河野太郎（政治家）

〈Ⅱ 心の状態が前向きか、後ろ向きか〉

①口角が上がっている――ポジティブで、チャンスをつかみとる力がある

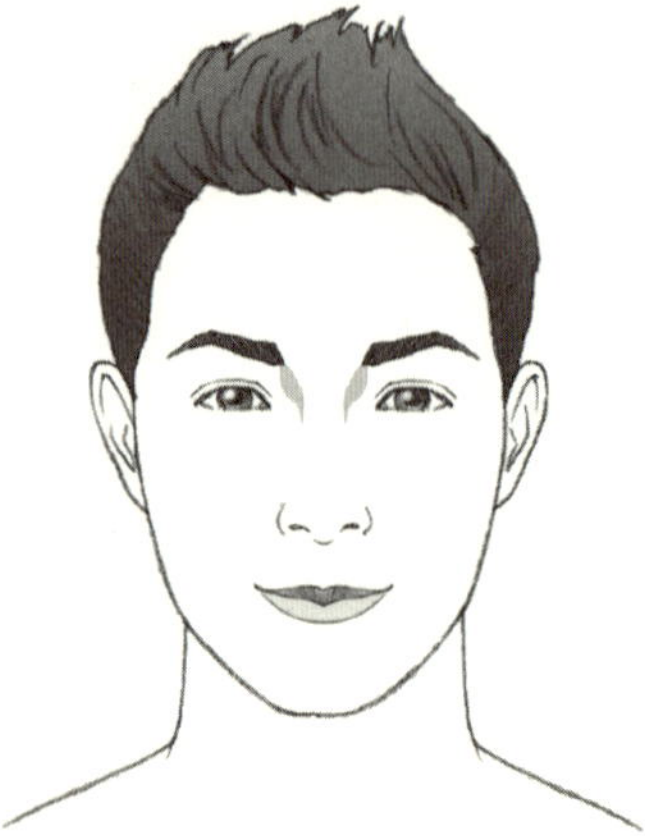

どこにも力を入れていないのに、口角があがっている人は、とても楽観的なタイプで、物事をポジティブに考える傾向があります。

ポジティブな考え方が身についているということで、常に目の前のチャンスをつかみとる行動力があるといえます。

このタイプは自分がポジティブな分、相手にも同じようなポジティブさを求めるので、ニコニコと元気な笑顔を相手に印象づけるようにしましょう。

なおセルフチェックをして意識的に口角を上げるようにすると、快活さを演出することもできますし、自分の考え方もポジティブな方向に変えやすくなります。

②口角が下がっている――ネガティブで、心身ともに疲れ気味

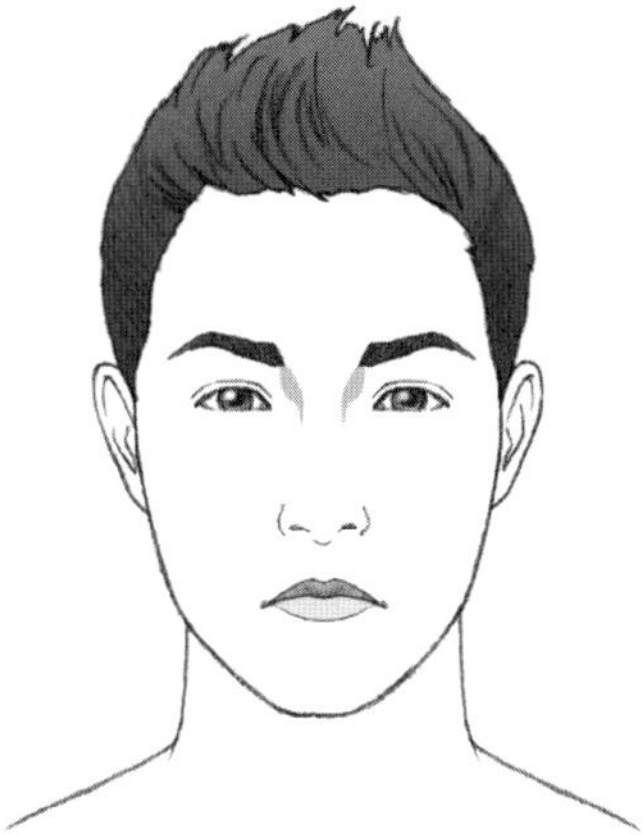

口の端が下がっているのは、とても悲観的になっているとき。何を言っても「でも……」「だって……」が多くなって、ネガティブに捉えてしまいます。

このような状態の相手に対し、強く説教をしたり、冷たい言葉を投げつけたりしてはダメ。

励ましたり、優しくアドバイスをしたりしましょう。

人の言葉を聞き入れる状態でない時でもあるので、逆に気持ちを吐き出させてあげ

ると、心を開け、信頼できる相手だと思ってもらえるでしょう。

〔Ⅲ 自制心を示す〕

①唇が閉じている――自制心が強い

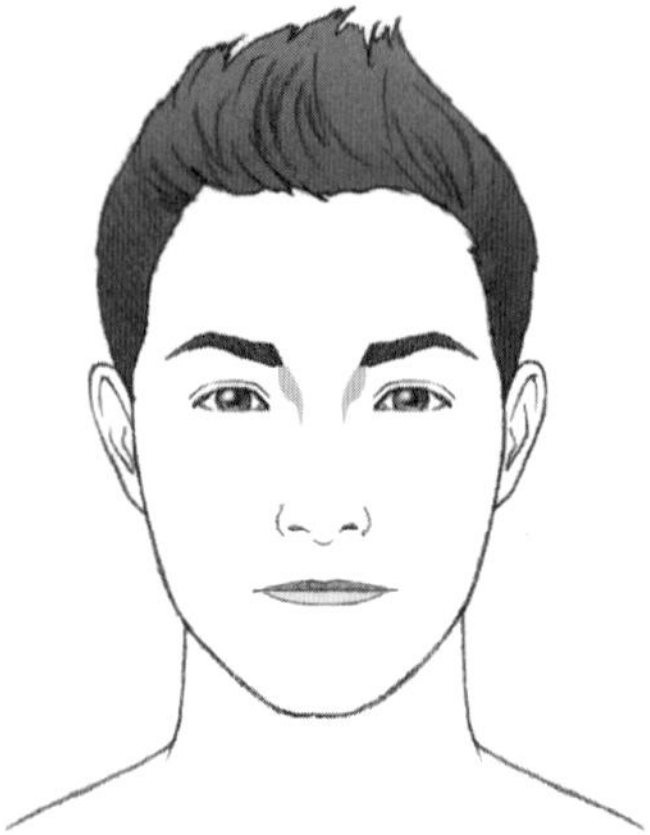

自然にしていても、唇がぴったり閉じているタイプは、しっかりと自制のできる人。ただ、その反面、自分を制御しすぎてしまい、何か行動しようとするときにストップをかけて、踏み出せないこともあります。

②唇が開いている——自制心は弱いが、相手には寛容

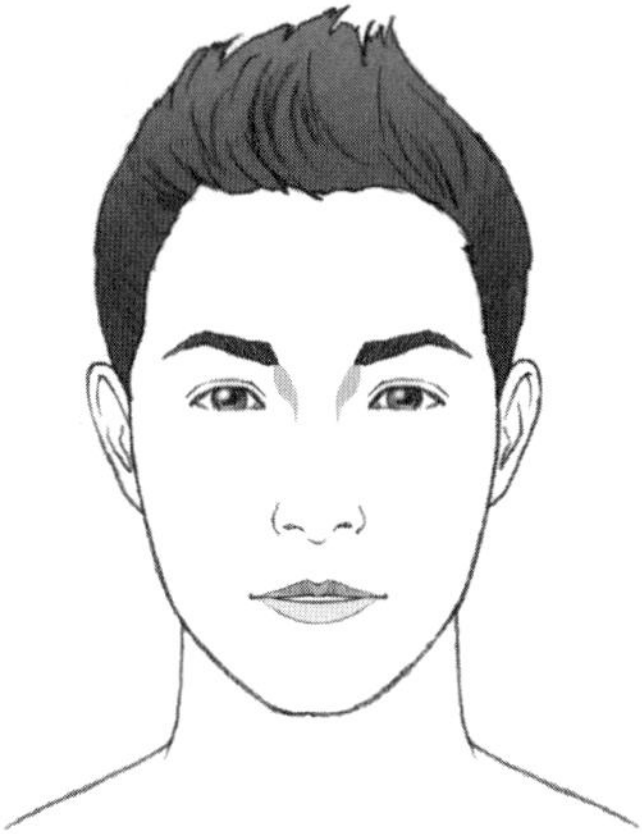

唇がいつもなんとなく開いている人、いますよね？

こういう人は自制心が弱い傾向にあります。

ただ、自分にダメ出しをするのは苦手ですが、程よく開いているなら相手を寛容に受け入れるという表れにもなります。

〈Ⅳ エネルギーの使い方〉

①輪郭に対し口が大きい――行動的でエネルギッシュ

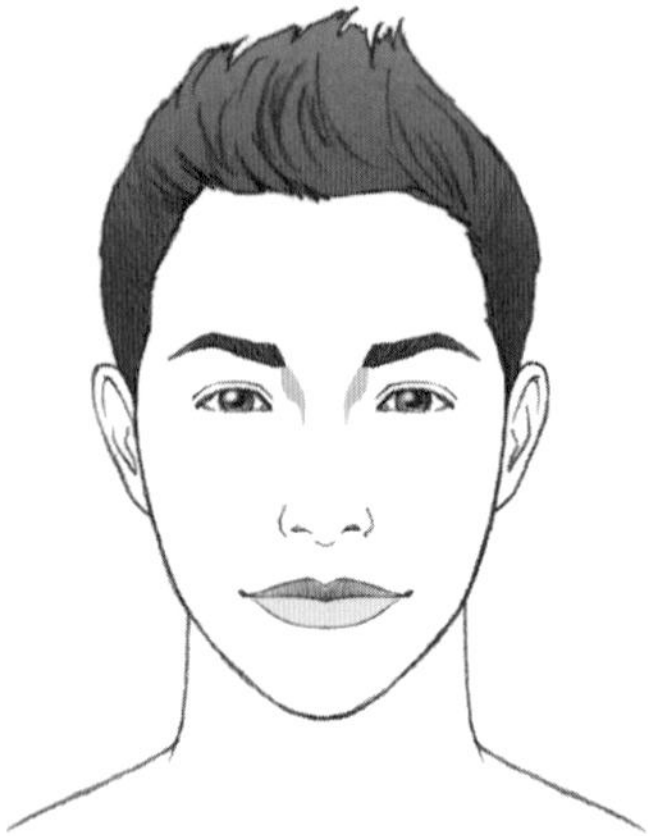

輪郭と口のバランスを見たときに、口が印象的なタイプは、行動的でとてもエネルギッシュな人。活動的で友達も多いです。ただ、口が大きければ大きいほど、エネルギーを必要以上に使ってしまうことも。結果として、体力やお金も同じように浪費してしまう傾向があります、輪郭が細い人はもともと体力もない傾向にあるため、途中でエネルギーが切れ、「疲れちゃった」と、突然機嫌が悪くなることも。

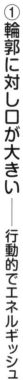

このタイプ、人からの自分への評価を気にする傾向が強く、自分を良く見せることが上手なタイプと言えます。

輪郭に対し口が大きい有名人

・森泉（モデル） ・ジュリア・ロバーツ（女優）
・アン・ハサウェイ（女優） ・水原希子（タレント）

②輪郭に対し口が小さい——持久力はあるが、ストレスをためがち

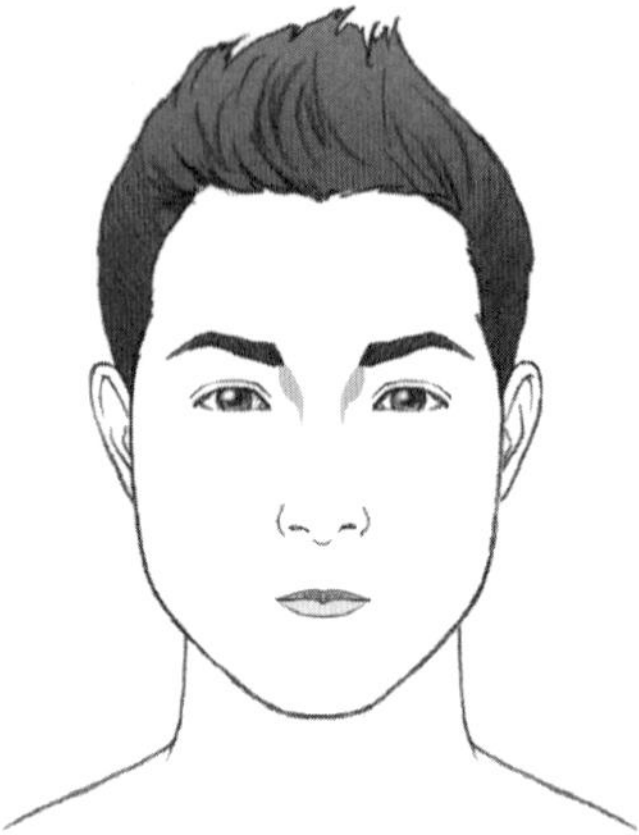

輪郭に対して、口が小さい人は、エネルギーを少しずつ出すタイプ。

つまり、体力も使いすぎることがないため、持久力があります。

反面、何も言えずにストレスをためてしまいやすい傾向があります。

浪費タイプではないので、節約上手ともいえます。

輪郭に対し口が小さい有名人

・山田孝之（俳優） ・熊川哲也（バレエダンサー） ・有吉弘行（芸人）
・三木谷浩史（実業家） ・レオナルド・ディカプリオ（俳優）
・橋本大輝（体操選手） ・福山雅治（俳優）
・浅田真央（プロスケーター） ・水卜麻美（アナウンサー）

あご先——野心の大きさと実現力がわかる

あご先というのは野心を表します。

しかも、それを実現するために、自分一人で立ち向かうのか、他の後ろ盾となる人物が必要なのか、あご先の形によって変わってきます。

①あご先が平らで横から見て出ている——野心があり、それを実現する力がある

まず、あご先がとがっていなくて平らな人というのは、野心があり、自分にも自信があります。

しかも、横から見た際、眉頭の位置と比べて前に出ている場合は、自らの手でその

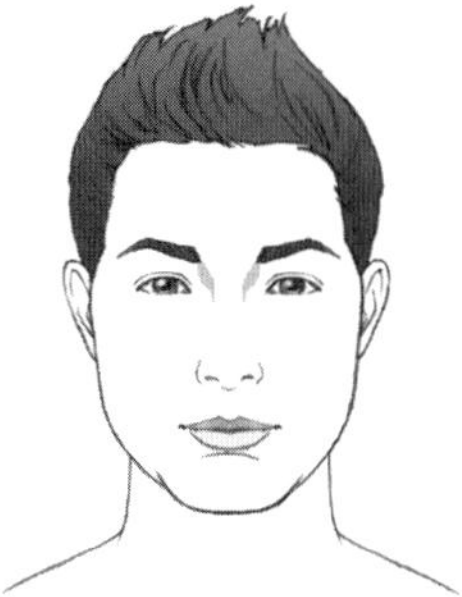

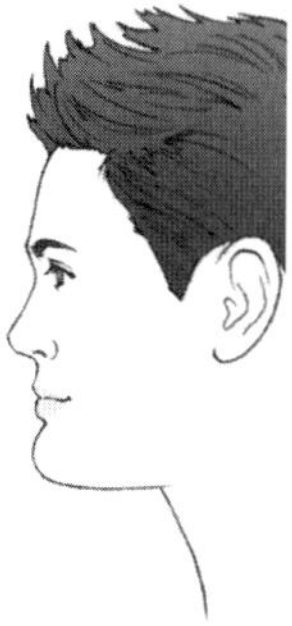

野心や理想を実現する力もあります。ただ、時に強引に思えるほど、自分の意見を相手に押し付けてしまうこともあります。

とはいえ、聞く耳を持たないわけではないので、わかりあいたい場合は、しっかりと気持ちを伝えると、力強くひっぱっていってくれます。

目標を掲げたら、何があっても実現するという強い実行力の持ち主なので、目標を決めたときが実現のときとも言えます。

あごが先が平らで横から見て出ている有名人

・桐谷健太（俳優）・綾瀬はるか（女優）・水卜麻美（アナウンサー）
・小栗旬（俳優）・有田哲平／くりぃむしちゅー（芸人）
・小泉進次郎（政治家）・麻生太郎（政治家）・ビル・ゲイツ（実業家）

②あご先が平らで横から見て後退している
——野心はあるが、実現には誰かの助けが必要

あご先が平らということで野心がありますが、さらに、横から見たときに眉頭から垂直に引いた線よりあごが後退している人がいます。

このタイプの人は野心を実現するためには社会的な後ろ盾や、誰かの存在を必要とします。つまり、何かを成し遂げようとする時には、後ろ盾になるようなネームバリューのある会社に所属したり、ビジネスパートナーが必要だったりするということで

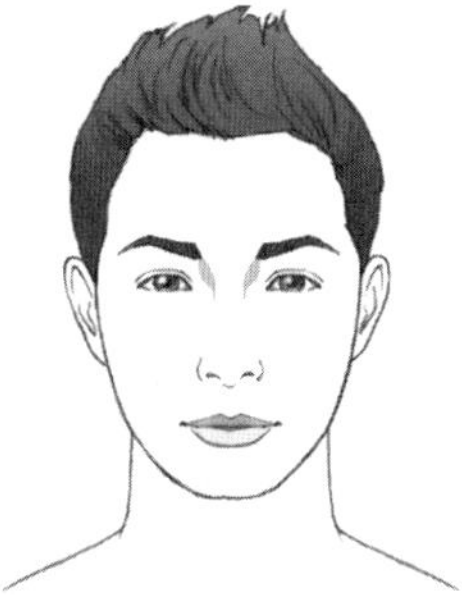

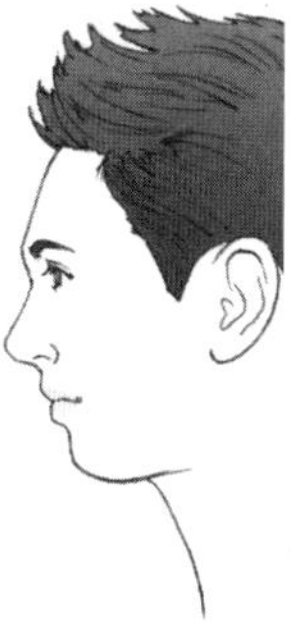

す。
　このタイプは、後ろ盾があるという安心感さえあれば自分で実現する力は持っているので、あなたが後ろ盾となってさりげないフォローやサポートをしてあげるといいパートナーになれます。

あご先が平らで横から見て後退している有名人

・千葉雄大（俳優）
・市川團十郎（歌舞伎役者）

③あご先が尖っている——野心はなく、あまり自分に自信がない

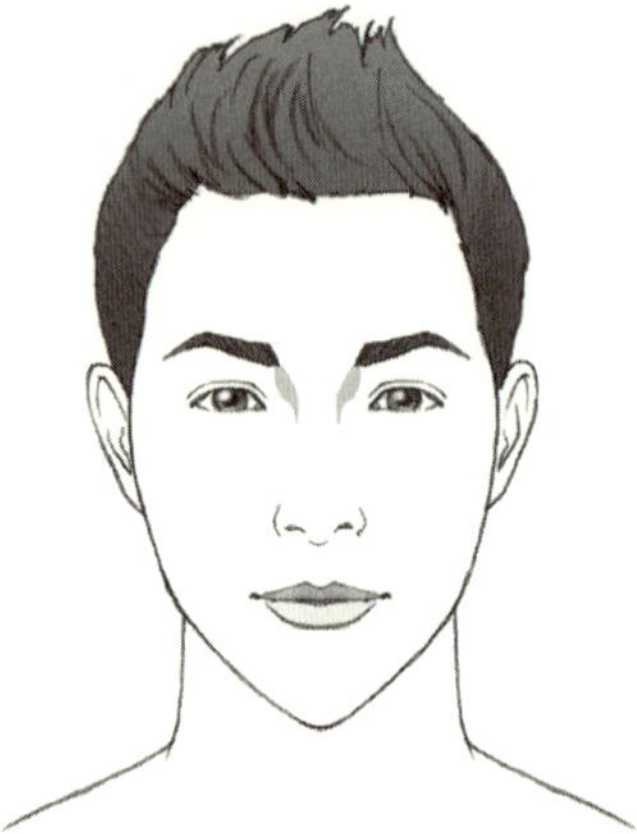

正面から見たときに、逆三角形のようなあごの形をしている人は、あまり自分に自信がありません。

したがって、自発的に何か行動を起こすことはなかなかできないのです。

また他人を信用することも難しいので、まずは何があっても自分はあなたの味方という信頼関係を構築することが大切です。

あご先が尖っている有名人

・早乙女光／Ｈｅｙ！Ｓａｙ！ＪＵＭＰ（タレント）・安室奈美恵（元歌手）
・小泉今日子（女優）・板野友美（タレント）・観月ありさ（女優）

4章

〈顔の輪郭〉でコミュニケーションのとり方がわかる

「みんな時間」を大切にするタイプか「自分時間」を大切にするタイプかが輪郭でわかる

これまでお話ししてきたなかで、だいぶ自分や相手の性格や行動パターンがつかめてきたのではないでしょうか。こういう相手にはこんな対応をすればいいということもお伝えしてきているので、あなたもアプローチの仕方に自信がついてきたことと思います。

さて、次にこの章では「人とのコミュニケーションをどのようにとるか」ということがわかる輪郭について、ご説明していきます。

輪郭も「ゾーン」や「パーツ」と同じように、パッと見たときの印象で判断するようにしてくださいね。

「輪郭」というのは、顔の外側を形作っている線のことを指します。つまり、おおまかな顔の形のことで、それは、額や頬骨、あごなどの骨格によって形作られているものです。

輪郭の形は成長期を超えると、劇的に変わることはありません。

ですので、輪郭はその人の性格のアウトラインや人間性のベースになっているとも言えます。

相貌心理学では、人間の顔の輪郭を真四角や丸型の「ディラテ」タイプ、長方形や楕円形の「レトラクテ」タイプの二つに分けています。

輪郭が大きくどっしりとした真四角や丸型の「ディラテ」の人は、体力があり、エネルギーが豊富なので、いろいろな人とコミュニケーションをとることを好み、「みんな時間」を優先にします。

例えば、温暖な国の人は輪郭が大きいですよね。これは、気候のよさから、お祭りや集会、人とのコミュニケーションが盛んに行われ、集団生活や集団行動という大人数での生活様式が顔に反映されているからと考えられます。

また、食料も豊富で、生きるのに適した環境が整っていることが、相手を選ぶ必要もなく、みんなと盛んにコミュニケーションをとる機会につながっているのです。

一方で、長方形や楕円形などほっそりした「レトラクテ」の人は、もともとの体力が少なめなので、無駄なエネルギーを使いません。ですので、「自分時間」を大事にし、限られた人とのコミュニケーションを好みます。

温暖な国の人と対照的に、寒い国の人は輪郭が細いイメージがありませんか？

寒冷地域は、風雪などがあるため孤立した生活を強いられ、集団生活というよりは単独での生活様式が主流です。

この生活様式が反映された輪郭と考えられます。

また食料も少なく、生きながらえる術を常に選択しなければなりません。ですから、温暖な国と比べると、他者とのコミュニケーションも自分にとって必要なものだけを選び、体力の消費を最小限に制限して、「自分」を守らねばならないのです。

こういった特徴から、輪郭で、人とのコミュニケーションの取り方がわかるのです。

「ディラテ」（真四角・丸型）の輪郭
——「みんな時間」を大切にするタイプ

輪郭が大きく、どっしりとした型の人を相貌心理学用語で「ディラテ」といいます。形で言うと、まん丸や真四角。大きさよりも、形としてがっしりしているかどうかです。パッと見たときに、「四角いな、まん丸だな、がっしりしているな」という印象があったら、その顔はディラテです。

このタイプの人はコミュニケーション欲求が強く、人と交流するためのエネルギーも体力もたくさんあります。ですので、社会や他者との接点を持つこと、広げていくことが大好き。ひとりや少人数で過ごすよりも、大勢の人とわいわい過ごしている時間を楽しいと思うタイプなので、友人や知人も多いでしょう。

ただ、このタイプの人は誰とでもコミュニケーションを取れるがゆえに、一人一人の関係はそこまで深くありません。他人との関係はどちらかといえば、広く浅くなりがちで、コミュニケーションの高さも、見方を変えれば八方美人となることも。

ディラテに効果的！　アプローチ術

◎共通の話題を見つけて話す機会を増やそう

ディラテの人は基本的に意識が外に向いています。

コミュニケーションの取り方も上手なので、最初にアプローチするときに壁は高くありませんし、ある程度ならば、仲良くなるのもそんなに難しくありません。話しかければ、すぐに受け入れてくれるのです。それが、その人の好きなものや興味のあることであれば、さらに乗ってきます。

話が合ってどんどん仲良くなっているように感じるかもしれませんが、相手はコミュニケーションを取るのが好きで、一緒に盛り上がっているだけということも。つまり、純粋に話を楽しんでいるだけで、他の人に対しても同じ態度をとっている場合もあります。

一歩踏みこんだつきあいをしたいならまず、会う機会、話す機会を増やすことでアドバンテージがとれるはずです。

「恋愛篇」

♡初めてのデートは複数で

人と打ち解けることが得意なディラテの人。

友人だけでなく、恋愛相手を選ぶときも、「なんとなく」や「一緒にいても気にならない」といった漠然とした理由が多くなります。よって、話しているうちに「いつのまにか」恋愛をしていたということも多いのです。

このタイプの人を初めてのデートに誘う場合は、一対一だと逆にハードルを上げてしまいます。

まずは、数人での飲み会やグループで遊びにいく計画を立てて、そこに誘うのがベストです。

♡「私だけを見て」はNG

多くの人とコミュニケーションを取るのが大好きながっしり型の人ですから、自分のことよりも人付き合いを大切にします。

もともとのエネルギー量があるので、自分のための時間を使っても、人のために走り回れる時間もあるのです。

もしかしたら、あなたと一緒にプライベートな時間を過ごしていても、友達のために駆けつけたり、仕事で困っている人を助けようとしたりということもあるかもしれません。

そんな彼に「私と友達、どっちが大事なの？」とか「私との時間を大切にして」と束縛するようなことを言って迫ってしまうと、「オイオイ……」と逆に引かれてしまいます。

もし、他のことを優先させるようなことがあったら、笑顔で受け入れつつ、「寂しい」

とか「用事が終わったあと会いたい」など素直な気持ちを伝えてください。相手も孤独に弱い寂しがり屋さん、あなたの寂しい気持ちは人一倍、理解してくれるはずです。

ディラテの有名人

- 山田孝之（俳優）
- 向井理（俳優）
- 高良健吾（俳優）
- 藤原竜也（俳優）
- 三浦大知（歌手）
- 星野源（歌手・俳優）
- 菅義偉（政治家）
- レオナルド・ディカプリオ（俳優）
- 土屋太鳳（女優）
- 光浦靖子／オアシズ（芸人）
- 有働由美子（フリーアナウンサー）
- 孫正義（実業家）
- 夏川りみ（歌手）

「レトラクテ」(長方形・楕円形)の輪郭
――「自分時間」を大切にするタイプ

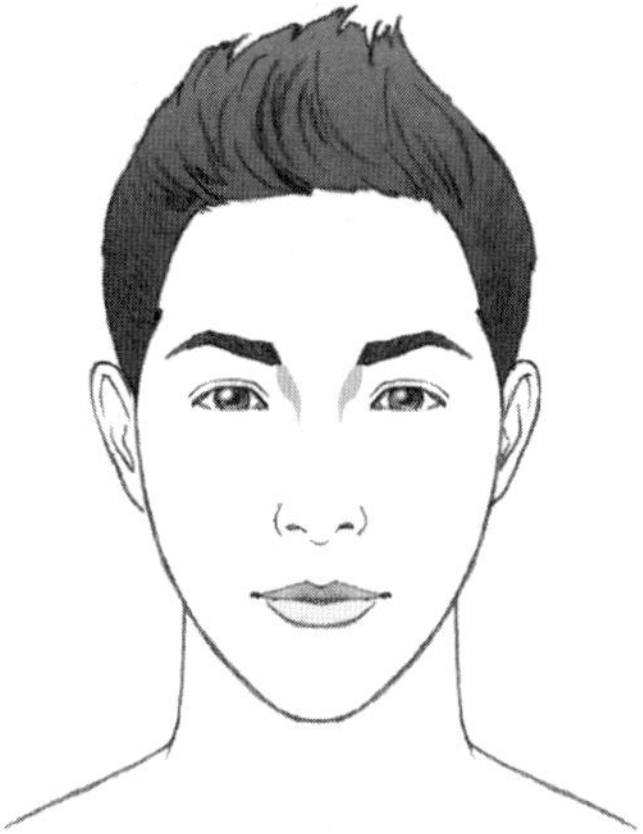

輪郭がほっそりしていて、長方形や楕円形に近い顔型をしている人を「レトラクテ」といいます。

このタイプは、コミュニケーションを取る相手は選びに選ぶ傾向があります。それは、もともとの体力が少なめの分、無駄なエネルギーは使えず、人間関係で生じるストレスなどでエネルギーを消耗することを防ぎたいのです。

そのため、自分に不快感を与えない相手かどうかが重要になります。

こうして選んだ相手とは一度仲良くなったら、とことん深い関係を結びたがります。

基本的にみんなでワイワイガヤガヤの飲み会をするよりも一対一でしっぽりが好き。

もし複数人の場合でも、相手がお気に入りの人をチョイスしないと楽しんでくれません。それどころか「わかってくれてないな」と感じられて、シャットダウンされる可能性も。

これは体力が少なく無駄にエネルギーが使えないので、自分の限界を感じる前に「これ以上は無理！」とコミュニケーションをシャットダウンすることで自分を守ろうとするからです。

レトラクテに効果的！ アプローチ術

◎フリートークから相手の興味を探ろう

このタイプの人は、コミュニケーションしたい相手を自分で選びます。「広く浅く」というよりは「狭く深く」。

じっくりタイプなので、いきなり距離を縮めようと、あれこれ聞いたり、いろいろ誘ってみたりしても逆効果です。

敏感で繊細、警戒心が強いところもあるので、ズカズカと土足で踏みこむようなことはしない方がいいでしょう。

相手についてまったく知らない状況なら、あたりさわりのない話、たとえば、最近の天気、流行しているものや芸能の話など、その中で食いついてきた話題を広げていくのが得策。まずは相手の興味のあるものを探しましょう。

いきなりプライベートな質問をしたりなれなれしい言葉を使ったりすると、とたんに心を閉ざされてしまいますので、ご注意あれ。

「恋愛篇」

♡体力が少ないからアレもコレもはダメ

「レトラクテ」の人は選択の欲求が強く、他人に左右されることもなく、自分をしっかりと持っています。

それはもともとのエネルギーが少ないので、無駄なエネルギーが使えず、あれもこれもできないからです。選択をするときはしっかりとした目的を定めます。

このタイプの人と何か一緒にしたいと思ったら、まず、相手の希望を聞きましょう。それに対して、あなたは計画を立てたり、楽しみをプラスするような何かを提案したりするとよいでしょう。

♡仲良くなりたかったら、まずは適度な距離感で

自分が知らない相手や状況だと、あまり社交的とはいえない「レトラクテ」タイプ。周囲の評判や噂に惑わされることもなければ、余計な人間関係に巻き込まれることもありません。一人でいても寂しさを感じることが少ないので、単独で行動しがちです。

こういったタイプの相手は、自分の世界観を邪魔しない、一緒にいて疲れない人を好みます。

まず、仲良くなりたいと思ったら、お互いの距離感を大切に、「自分は自分」「相手は相手」と適度な距離を保ちましょう。

この人は自分のことをわかってくれると思ったら、深く付き合えるようになりますよ。

レトラクテの有名人

・竹内涼真（俳優）・松坂桃李（俳優）・玉木宏（俳優）
・ディーン・フジオカ（俳優）・阿部寛（俳優）・高畑充希（女優）
・黒木華（女優）・菜々緒（女優）・そのまんま東（タレント）
・藤井聡太（プロ棋士）・小泉進次郎（政治家）

ディラテとレトラクテの行動傾向

ディラテの人とレトラクテの人が、同じ物事に対してどのような考え方をするかということを比較してみました。

次ページの表で、その違いをチェックしてみてください。

	ディラテ	レトラクテ
パートナーの選び方	交友関係が広いため、彼女は人からの紹介で決めることが多い。選ぶ理由は「なんとなく」。	彼女は自分で選び取る。人から紹介された相手を選ぶくらいなら、一人でいたほうがいい。選ぶ時には明確な理由がある。
ランチ	ワイワイガヤガヤと仕事のチームメンバーなどで、みんなで楽しく食べるのがいい。	決まった同僚と少人数で食べることが多い。
旅行	大勢でのグループ旅行が大好き。	気の知れた親友との個人旅行が好き。
誕生日プレゼント	一度贈ったプレゼントを喜んでくれた場合、毎回、同じものを贈る。	その時々で欲しいものをプレゼントする。
アフター5	家族や毎日の習慣を大事にするので、仕事が終われば自宅に直行し、家族で夕食をとる。	自分時間を優先するので、仕事帰りは趣味のジムへ直行。その後、気楽に一人で外食をする。

5章

「肉付き」でわかる寛容性
「非対称」でわかる未来志向度

人生の充実度がわかる

顔のゾーンやパーツに加え、輪郭が示す意味を知り、総合的に見ると、ぼんやりしていたその人の人間性が、よりはっきりくっきりしてくるのではないでしょうか。

ここからは応用編、「肉付き」と「肉付きのハリ」そして顔の「非対称」についてご説明していきます。

「肉付き」「肉付きのハリ」そして「顔の非対称」は、輪郭と違い、日々変化する部分でもあるので、「今の人生が充実しているかどうか」がわかります。

相手の意識が「現在」と「過去」のどちらに向いているかなどがわかるので必見ですよ。

肉付き――環境や他者に対しての寛容性・順応性がわかる

肉付きというのは、環境や他者からの刺激を感じ取る「感受性」を覆うカバーのようなものです。ですので、そのカバーがなければ感受性に刺激が直接当たり、その影響を強く受けるということになります。

①肉付きが豊か
②肉付きがうすい
③肉付きがボコボコ（複雑なかたち）

肉付きが豊富か、うすいかということからは、次のようなことがわかります。

Ⅰ　順応性

Ⅱ　社交性
Ⅲ　環境や他者に対する寛容性
Ⅳ　環境や他者に対する神経質さ

ちなみに肉付きが豊かというのは「太っている」のとは違います。正面から見て肉付きがありそうでも、横からみたら平坦ということもあります。逆に痩せていて正面から見ると肉付きがうすそうでも、横からみたら盛り上がっていることもあります。肉付きの形状は、横から見た頬の肉付きの盛り上がり方に注目しましょう。

①肉付きが豊か――社交性があるが、ガサツに見えることも

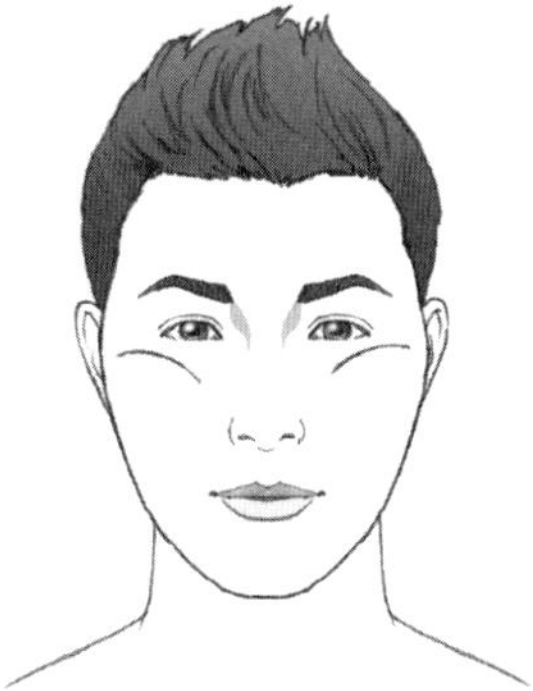

肉付きが豊かだと寛容性があり、相手との違いを拒絶することもありません。新しい価値観に出合っても「面白いね！」「超ウケる」などといって喜んで受け入れてくれます。ただ、寛容に受け入れてくれる分、細かいことはあまり気にしないので、「ガサツ」に見えることもあります。

肉付きが豊富で、さらにハリがあれば、行動が活発だったり、問題に対する抵抗力が強かったりするといえます。

肉付きが豊かな有名人

・出川哲朗（タレント）・孫正義（実業家）・鈴木京香（女優）
・やす子（タレント）

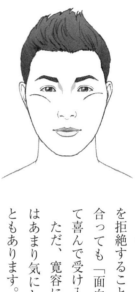

②肉付きがうすい――わかってくれる人にだけ素を見せる

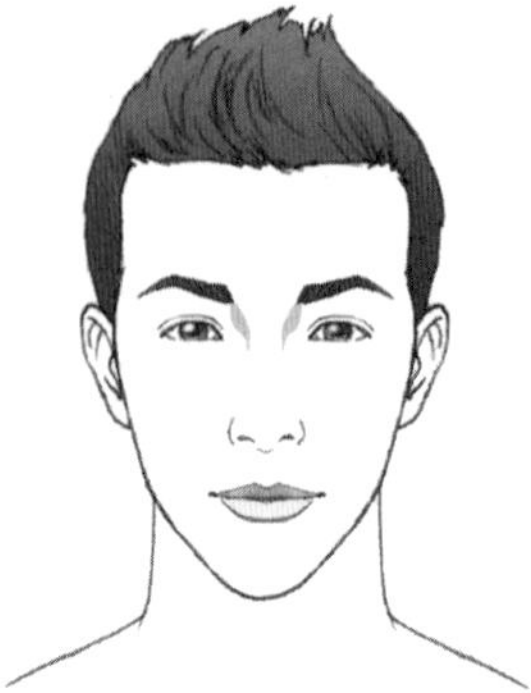

肉付きがあまりなく、うすい場合は、自分と違うことはあまり受け入れられません。こちらも、頬の肉付きを横から見ると判断しやすいです。肉付きがうすいということは感覚がカバーされていないということで、環境や他者に対して神経質になり、敏感に反応してしまいます。

ただ、肉付きがあまりないからといって、寛容性や順応性がないわけではありません。広い心を持ったり、いろいろなことに適応できたりするのは、本人が選んだ一定の相手だけということです。

ですので、その分、細やかな気配りができたり、いろいろな状況に配慮したりすることができる人です。

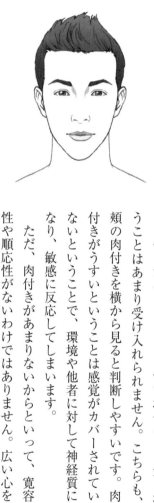

肉付きがうすい有名人

・イチロー（元プロ野球選手）　・中村俊輔（元プロサッカー選手）
・本田圭佑（元プロサッカー選手）　・小泉純一郎（元首相）

③肉付きがボコボコ（複雑なかたち）——感情の変化が激しい

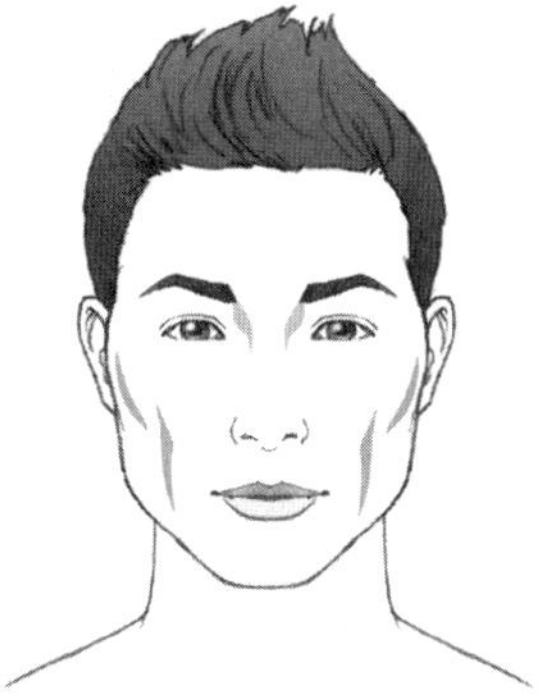

ほとんどの方は肉付きが豊かか、うすいかの二種類に分けられますが、まれに頬の肉付きをはじめ、顔全体の肉付きが出ていたり引っ込んでいたりと、正面から見て肉付きの形状がボコボコしている人がいます。

これは人生経験の積み重ねによって表れる特徴なので、子どもにはあまり見られないかもしれません。

感情の変化が激しく、情熱的な部分も持っている一方で、気難しい一面もあります。

寛容性や社交性が発揮されるときと、そうでないときが極端なタイプです。

肉付きのハリ——物事に対する抵抗力がわかる

①肉付きにハリがある
②肉付きにハリがない

顔全体の肉付きの「ハリ」は、モチベーションの高さと、問題に対する抵抗力を表します。

仕事や恋愛など、充実している人の肉付きはプリッと張りがありませんか？

また、そういう人は、たとえば仕事などでトラブルが発生しても、乗り越えようとする強さがあります。逆に、肉付きがぶよぶよしている人は、頼りなく、問題を解決し乗り越えることができない状態です。

ただ、この「ハリ」は日々変化しますので、相手がいま、そういう状況であるということを、理解することが大切です。

①肉付きにハリがある――やる気に満ちあふれている

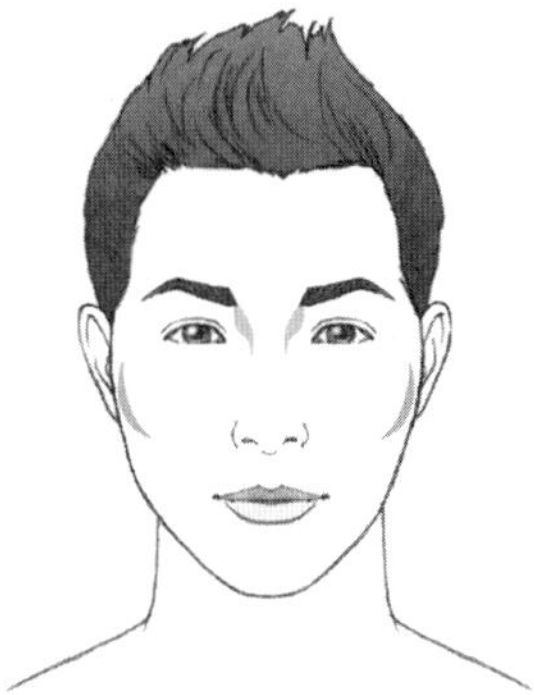

何かをなしとげようと思っているときや、やる気に満ちあふれているときは、肉付きがパーン！　と張っています。
たとえば、生き生きと活動している人の肌って、つやつやしていて、パンッ！　とハリがありますよね？　それは何か問題があっても、物事に対する抵抗力がある証拠です。

②肉付きにハリがない――気力が少なくなっている

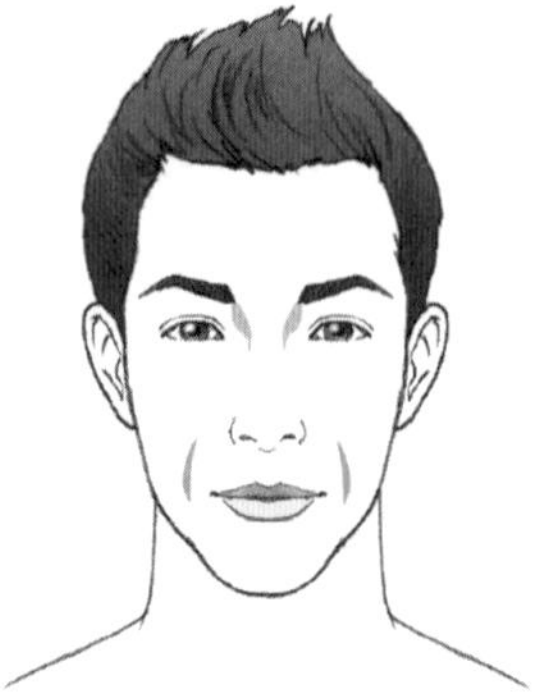

パッと見たときに、なんとなく、肉付きがだらんと落ちているなと思ったら、行動する気力が少なくなっているときです。

同時に、何か問題が起きたときに、対処する力も少なく、環境や他の人からの影響に対する抵抗力もありません。

変化がわかる肉付きのハリに注目

繰り返しますが、肉付きのハリというのは顔の中で一番変化しやすい場所でもあります。

そのため、自分や相手が今、抵抗力をなくしているのかそうでないかということがひと目でわかります。

肉付きのハリに注目して、相手を気遣ったり、自分の行動を変えたりしてみましょう。

《肉付きのハリがない相手へのゾーン別・励まし方》

相手の肉付きを見て、いつもよりハリがないなと思ったら、元気づけてあげましょう。

その際、相手のゾーンごとにその励まし方を変えると、より効果的です。

思考ゾーン

●目からの刺激を好むので、ラインやメールのメッセージで声をかける。

感情ゾーン

●耳からの刺激を好むので、直接会ったり、電話をしたりする。

活動ゾーン

●食が元気の源なので、食事に誘って励ます。

《自分に肉付きのハリがないと感じた時のゾーン別・対処法》

自分で鏡をチェックしているときに、最近ハリがないなと感じたら、次のような行動をとってみると、ハリが回復するでしょう。

思考ゾーン

●頑張れる言葉や好きな画像を、自分の見えるところに貼ったり、携帯の待ち受け画面にしたりする。

感情ゾーン

●自分を奮い立たせる言葉を口に出して、耳から聞こえるようにする。

活動ゾーン

●頑張った自分へのご褒美として、美味しいものを食べたり、ショッピングをしたりする。

意識が向いているのは「今」？ それとも「過去」？

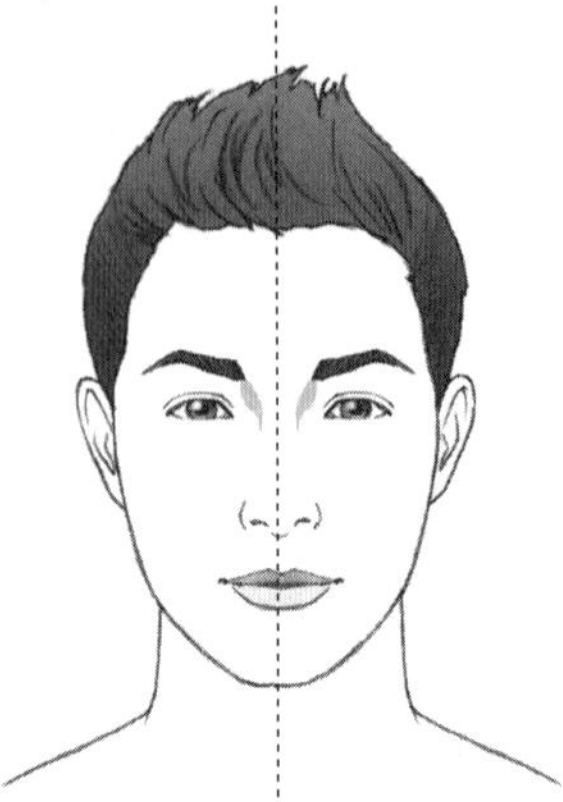

美人の絶対条件として「シンメトリー」、つまり顔が左右対称であることとされていますが、相貌心理学では本当の左右対称は存在しません。

ですので、顔の左右に非対称、つまり左右の顔に違いがあることが前提となります。

そして、

利き手側が「現在の顔」利き手と反対側が「過去の顔」を表します。

非対称から分析できることは

Ⅰ　現在の状態

Ⅱ　現在と過去との比較

目の非対称で説明すると、

Ⅰ**【現在の状態】は左右の目の「高さの非対称」**からわかります。

左右の目の高さに明らかな非対称が見られるときは、いま、好奇心があっちこっちに散漫していて、自分にとって重要なものが選べていない状態です。

Ⅱ**【現在と過去の比較】は「開き具合の非対称」**（※片方がぱっちり、片方が細い）でわかります。

過去を示す利き手と反対側の目が、現在を示す利き手側の目よりも細ければ、過去の方が現在よりも選択欲求が強かったことを表しています。

では、いくつか代表的な非対称を見ていきましょう。

目の高さの非対称――現在の状態がわかる

左右の目の高さが対称でない場合は、自分にとって必要なものを選び取れていない可能性があります。それは、意識が散漫になって、入って来る情報を的確に処理できていないからです。もしかしたら、理想が高すぎて選べなくなっているのかもしれません。

ただ、微妙な非対称の場合は、二つのビジョンを兼ね備えている知性の豊かさを表します。

鼻筋の非対称――意識の方向性がわかる

利き手側のほうに向いていれば、現在や未来に意識が向いています。

利き手ではない方であれば、意識が過去に向いていて、現在の出来事を、いつも過去の出来事と比較してしまうので、行動に大胆さがでなくなります。

耳の非対称――独立心がわかる

正面から見たときに、利き手側だけ立ってみえる場合は、今、独立心が旺盛になっているときです。逆の場合は、以前の方が「やってやる！」という勢いが勝っていたことになります。

口の非対称――思っていることをうまく表現できない状態

口に非対称がある場合は、自分が思っていることをうまく表現できなかったり、どのように表現したらいいかわからなかったりする傾向にあります。

あごの非対称――気持ちの不安定さがわかる

あごの左右の大きさや形が対称でない場合は、行動が不安定になっています。自分自身でも、「なぜこんなことをしたのだろう?」と後になって考えてしまうほどです。

＊非対称だけを見て相手を理解しようとすると誤解が生じる恐れがあります。是非、非対称を見る際には同時にゾーンやパーツ、肉付きなどを組み合わせて見てください。

鼻筋が過去側（利き手ではない側）に向いていても、肉付きにハリがあれば問題解決力が高いので大丈夫。

あごの非対称は行動の不安定さを表しますが、唇が閉じていれば自分自身をきちんとコントロールできているので、心配はいりません。

このように、一部のマイナスの部分ばかりを見るのではなく、様々な観点から顔を分析してもらえると良いと思います。

わたしのチャンスが無限大に広がる！

みなさん、いかがでしたか？

本書を読む前よりも、ちょっとだけ自分や相手を多角的にみられるようになったと思いませんか？

また、自分にはどんな相手が合いそうだとか、たとえ相性が悪くても、相手を理解できればうまくいくということがわかってきたのではないでしょうか。

こうして相貌心理学を取り入れるだけで、みなさんの可能性は無限大に広がっていくのです。


人を多角的に理解するということは、すべてのコミュニケーションにも活用でき、人間関係のすべてが円滑になります。

そうすると、意外なところから、これまでにはなかった新しい出会いやチャンスがうまれるかもしれません。

そうして出会った相手には、その人に合った最適のアプローチができるので、コミュニケーションのアドバンテージがとれるのです。


それからひとつおまけ。

自分の正面の顔写真を定期的に撮っておくことをおすすめします。

毎日は大変なので十日に一回くらい、一カ月に三回程度がちょうどよいです。

そして、「顔がかわった」と感じることがあったら、過去と今の顔を写真で比べてみてください。そしてその顔の変化は内面の何の変化を表しているのかを見て是非自己マネージメントに役立ててみて下さい。

顔地図チェックシート

これまで分析してきたことを、もっとわかりやすく総合的に、見える化するために「顔地図」を作ってみましょう。

あなたやパートナー、気になる人、友達などの顔を、左記の顔地図シートで確認しながらチェックしてみてください。

写真があればよいのですが、なければその人の顔を思い出しながら、セルフチェックでしたら、鏡を見ながら分析してみてください。

顔は人の内面を表す「地図」のようなものです。

ゾーンやパーツ、輪郭などそれぞれの形状をチェックすることで、あなただけの「顔地図」が出来上がります。

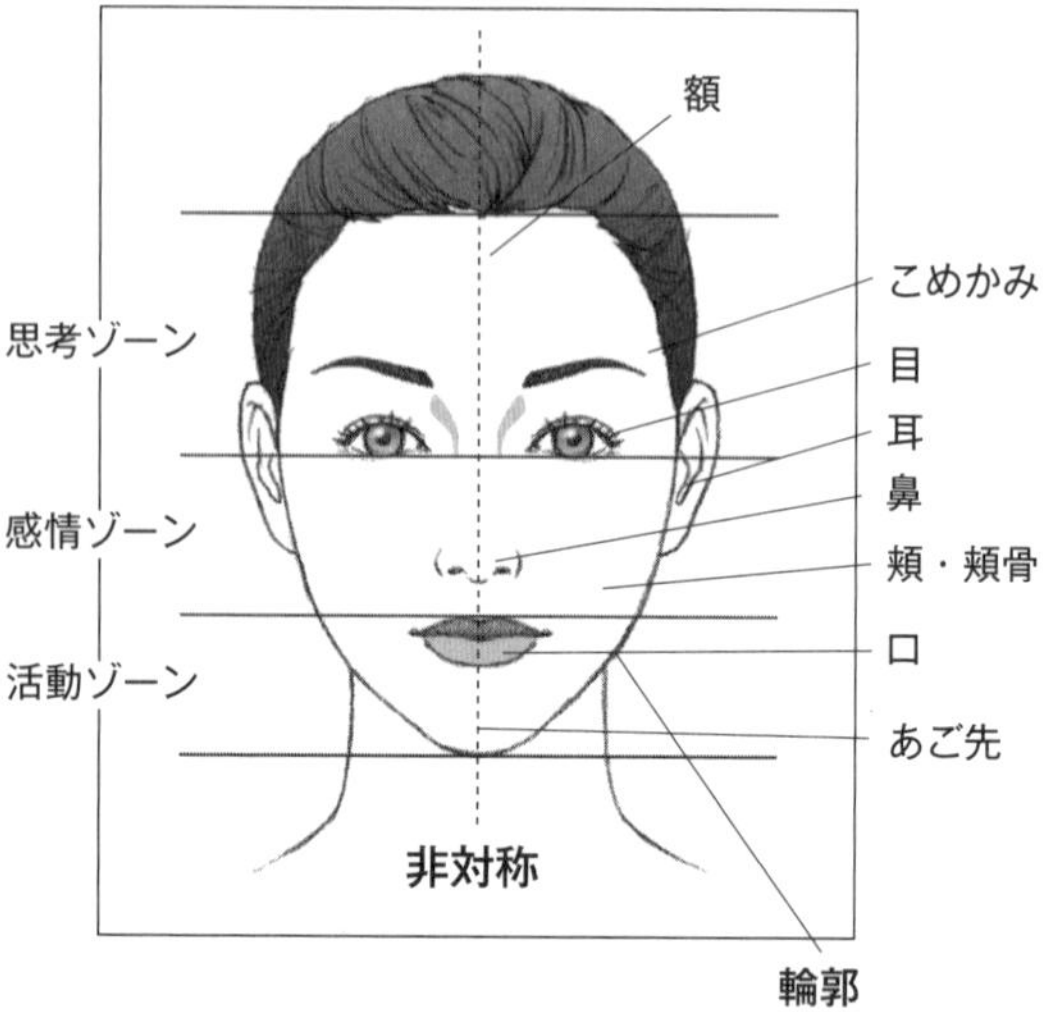
額
こめかみ
思考ゾーン
目
耳
鼻
感情ゾーン
頬・頬骨
口
活動ゾーン
あご先
非対称
輪郭

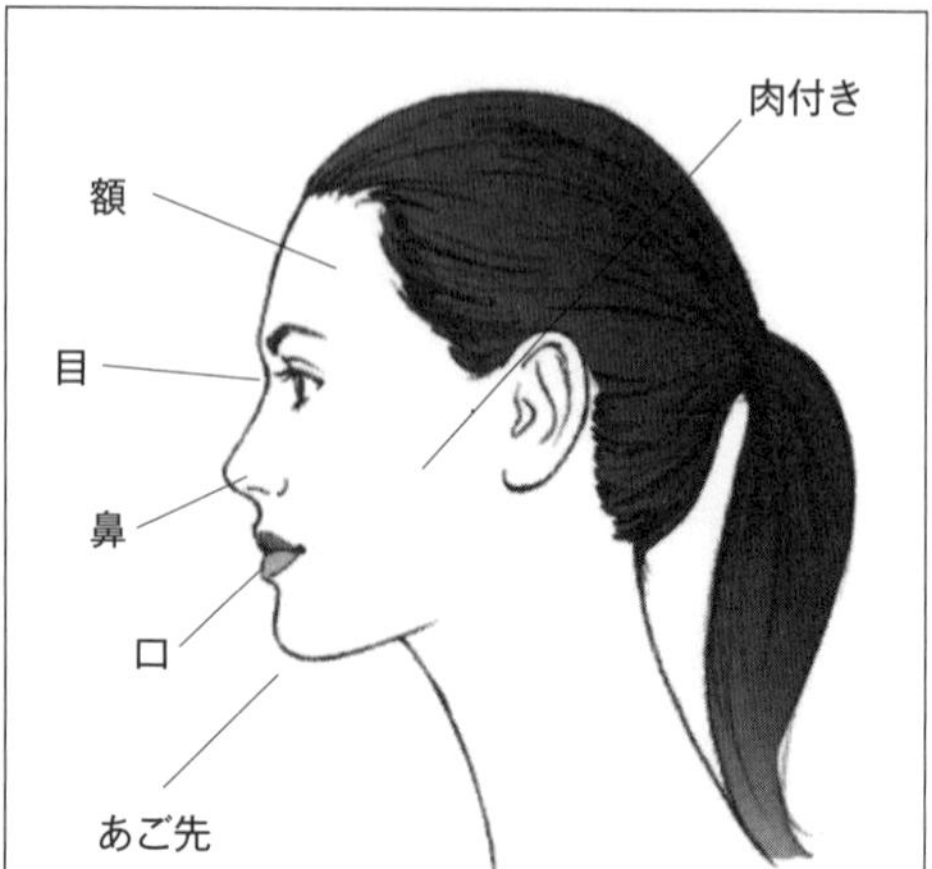
肉付き
額
目
鼻
口
あご先

＊顔地図チェックシート

☆当てはまるところに（○）をつけましょう

■ゾーン――活動の原動力・満足する源がわかる

（　）思考ゾーン……顔型は逆三角形・額や目にインパクト・あごが細い
↓知識と美的センスがある

（　）感情ゾーン……顔型は六角形や丸顔・頬骨が大きい・頬が広い
↓フィーリングと感受性を大切にする

（　）活動ゾーン……顔型は台形・あごがどっしり・口まわりが大きい
↓現実に価値を見出し、実行力がある

■額――思考のスピードがわかる

（　）横から見て傾斜している↓頭の回転が速い

（　）横から見てまっすぐ（垂直）↓物事をじっくり考える

（　）横から見て丸みがある↓想像力が豊か

■こめかみ――想像したことを実現する方法や手段を考えられるかがわかる

（　）へこみがない→思考がフラット

（　）少しへこんでいる→道徳・決まりごとを重視する

（　）大きくへこんでいる→考えすぎて優柔不断

■目――情報や知識をキャッチする力がわかる

（　）細い目→繊細で情報を選びとる

（　）ぱっちりした目→好奇心旺盛で情報をたくさん集めたがる

（　）目と目の間が狭い→集中力がある

（　）目と目の間が広い→好奇心が旺盛すぎて、あれもこれもと目移りしがち

（　）横から見て目が出ている→見た目で判断しがち

（　）横から見て奥まっている→情報は自分で選びたい

（　）上がり目→意志が強い

（　）下がり目→人の意見をきちんと聞ける

■鼻――本音がわかる

（　）横から見て傾斜がある→主義主張をはっきり伝える
（　）横から見て傾斜がない→自分の考えや思いを伝えるのが控えめ
（　）横から見て鼻筋が波打っている→感情の起伏が激しい
（　）正面から見て鼻の穴が見える→思ったことを言わずにはいられない
（　）正面から見て鼻の穴が見えない→秘密主義
（　）鼻筋が細い→深く愛されたい
（　）鼻筋が太い→広く愛されたい
（　）鼻の穴が丸々としている→傷つきやすく、愛情欲求が強い
（　）鼻の穴が三角形になっている→感受性が敏感、完璧主義

■頬——判断基準が「質」か「量」かがわかる

（　）頬の肉付きの位置が高い↓オンリーワンの愛を求める
（　）頬の肉付きの位置が低い↓たくさんの人からの愛を求める
（　）頬骨が大きい↓「社会的成功」「愛して」欲求が強い・独占欲が強い

■耳——独立心がわかる

（　）正面から見て立ち上がっている↓独立心が強い
（　）正面から見て立ち上がっていない↓協調性がある

■口——他者とのコミュニケーション方法がわかる

（　）唇が厚い↓温厚で穏やか
（　）唇が薄い↓悪気はないが、口調が冷たい
（　）口角が上がっている↓ポジティブで、チャンスをつかみとる力がある
（　）口角が下がっている↓ネガティブで、心身ともに疲れ気味

（　）唇が閉じている↓自制心が強い
（　）唇が開いている↓自制心は弱いが、相手には寛容
（　）輪郭に対し口が大きい↓行動的でエネルギッシュ
（　）輪郭に対し口が小さい↓持久力はあるが、ストレスをためがち

■あご先――野心の大きさと実現力がわかる

（　）あご先が平らで横から見て出ている↓野心があり、それを実現する力がある
（　）あご先が平らで横から見て後退している↓野心はあるが、実現には誰かの助けが必要
（　）あご先が尖っている↓野心はなく、あまり自分に自信がない

■輪郭――「みんな時間」を大切にするタイプか「自分時間」を大切にするタイプかがわかる

（　）ディラテ（真四角・丸型）……輪郭が大きくどっしりしている

（　）レトラクテ（長方形・楕円形）……輪郭が細長い
↓「みんな時間」を大切にするタイプ
↓「自分時間」を大切にするタイプ

■肉付き――環境や他者に対しての寛容性・順応性がわかる

（　）肉付きが豊か↓社交性があるが、ガサツに見えることも
（　）肉付きがうすい↓わかってくれる人にだけ素を見せる
（　）肉付きがボコボコ（複雑なかたち）↓感情の変化が激しい

■肉付きのハリ――物事に対する抵抗力がわかる

（　）肉付きにハリがある↓やる気に満ちあふれている
（　）肉付きにハリがない↓気力が少なくなっている

顔は変化していくということは、今までにもお話ししてきましたよね？

今回作った「顔地図」は今現在のものです。また時間をおいてから「顔地図」を作ってみると、内面の変化もわかりやすくなります。


もし、あなたが変わろうとするならば、内面から変化させることもできるのです。たとえば、今までは待っているだけのチャンス、今度は自分から積極的に行動するなど、自分を知って、意識や行動を変えます。

少しずつ自分の行動の変化を積み重ねることで、顔に変化が表れるのです。

反対に、内面を変えるために、メイクやスキンケア、髪型などで印象を変化させるというのも一つの方法です。

イメージチェンジをすれば、他人からの反応も変わりますよね？

「最近、なんかキレイになったよね」「今の髪型似合うね」など言われたら、嬉しい気持ちになりますし、見た目の雰囲気に合わせた心持ちにもなります。環境からの刺激によっても顔は変わるので、こういった刺激による気持ちの変化が内面を変えていくのです。
内側と外側、どちらからもバランスよく刺激して、変化を楽しんでみてください。

おわりに

ここまでお読みいただき、ありがとうございます。

コミュニケーション方法がわかったことで、人間関係の不安や迷いが緩和され、出会いの選択肢が広がった気がしませんか？　顔さえ見れば、どのようにアプローチすればいいのかがわかるからこそ、気持ちに余裕が生まれ、新しい出会いに対する自分の心持ちも変わるかもと思ったら、ワクワクしますよね？


ここで、しつこいようですが、もう一度。

もうみなさんはおわかりになっていると思いますが、相貌心理学で見る「顔」は生まれつきでもなければ、良し悪しでもありません。

顔は内面を映し出す心の鏡なのです。

過去、現在、そして未来の心のすべてが顔に表れるのですから、気持ちの持ち方一つで顔は変わっていきます。

そして、もう一つ。

「顔」の傾向には表の意味と、裏の意味があります。

例えば、「頑固」という意味があった場合、「わからず屋」と否定的にとらえることもできますが、一方で、「自分の信じることに向かって努力する人」という捉え方もできます。

そう考えれば、広い心や優しい気持ちで相手を理解することができますよね？

相貌心理学を知っているあなたは、相手とどんなコミュニケーションを取ればいいのか、どんな距離感で接すればいいのかがわかってしまうのです。

そして、自分の思い込みも変えることができます。

あなたにとって「幸せ」とはなんですか？

どういう状態が「幸せである」と思いますか？

付き合っている人がいたら？

結婚できたら？

子どもがいたら？

好きな仕事をしていたら？

お金があったら？


幸せだと思う形は人によってそれぞれですよね。

でも、誰にも共通する「幸せ」というのは、自分らしくいられることだと思いませんか？　相貌心理学は、あなたが、そしてお相手が「自分らしく」いられる環境や状況、そして、何によって心が満たされ、幸せだと感じるかなどを教えてくれます。

相貌心理学を通して、今まで知らなかった自分や相手の内面を理解することは、時にあなたを悲しませるかもしれません。

でも、忘れないでください。

理解があるからこそ、未来への可能性を見出せるのです。相貌心理学は占いではないので、断定的なあなたの未来はわかりません。それでも、あなたが望む未来、望む行き先がわかっているのなら、それに到達するためのプロセスは見えてくるはずです。

人は、出会いに喜び、時には、出会いに涙します。

人生という時間の中で一つ言えるのは、「出会いは人生の貴重な偶然である」ことだと私は思うのです。

だからこそ、わたしはみなさんにそのかけがえのない偶然の出会いを、あなたらしさを大切にしながら楽しみ、そして、その偶然のチャンスを自分のものにしてほしいのです。

「あなたは幸せですか？　それとも不幸せ？」

この質問に「どっちかな……」と迷うあなたはきっと幸せなのでしょう。

だって、迷うのは、幸せかもしれないけど「○○がないからな……」と、自分の幸せに何が足りないかがわかっているのですから。あとは、その足りないものを得るためのプロセスを相貌心理学で見つけてみてください。


そして、「不幸せ」と言い切るあなた、心配はご無用です。

今よりも幸せになりたいと思っているのなら、大丈夫。

あなたの幸せへのプロセスを相貌心理学が教えてくれます。

さらに、望みが何かもわからないあなたには、相貌心理学が、あなたが何を望み、何に満足感を感じるのかを教えてくれます。


自分を知り、相手を知る。

それは幸せを感じる一番の近道です。

あなたが思う「幸せ」を手に入れるために、相貌心理学はいつでもあなたの味方です。

あとは、そう！
一歩を踏み出すだけ。
大丈夫。
心配はいりません。
だって、あなたは最強の幸せへのツール、相貌心理学を知っているのですから！

最後に。

Un trés grand merci á Janine Maréchale, sans qui rien n'aurait été possible...

師とするジャニーニへ。

そして本書作成にあたって、適切なご助言とご配慮をしてくださった編集担当のKKロングセラーズ富田志乃さん、ありがとうございます。

佐藤ブゾン貴子

「顔」の正体 その秘密

著　者　　佐藤ブゾン貴子
発行者　　真船壮介
発行所　　KK ロングセラーズ
東京都新宿区高田馬場4-4-18　〒169-0075
電話（03）5937-6803（代）　振替 00120-7-145737
http//www.kklong.co.jp

印刷・製本　（株）フクイン
落丁・乱丁はお取り替えいたします。※定価と発行日はカバーに表示してあります。
ISBN978-4-8454-5200-2 Printed In Japan 2025

本書は2020年９月に弊社で出版した『運命のお相手は「顔」で選びなさい』を改題改訂したものです。